いつか行ってみたい
世界一の絶景を見る

アフロ

新人物往来社

第1章 世界最大 自然編

- イグアスの滝　世界最大の流量の滝 …… 6
- エアーズロック（ウルル）　世界最大の砂岩の一枚岩 …… 8
- アマゾン川　世界最大の流域面積の川 …… 10
- サハラ砂漠　世界最大の砂漠 …… 12
- ウユニ塩原　世界最大の塩原 …… 14
- カスピ海　世界最大の湖 …… 16
- チベット高原　世界最高所にある、世界最大の高原 …… 18
- トバ湖　世界最大のカルデラ湖 …… 20
- シベリア針葉樹林　世界最大の針葉樹林 …… 22
- エンジェル・フォール　世界最大の落差の滝 …… 24
- ブルーラグーン　世界最大の露天風呂 …… 26
- ンゴロンゴロ・クレーター　世界最大の火口壁に隔てられたクレーター …… 28
- ホワイトサンズ　世界最大の石膏の砂丘 …… 30
- グレート・プレーンズ　世界最大の温帯草地 …… 32
- エーア湖　世界最大の一時湖 …… 34
- アマゾン川の熱帯雨林　世界最大の熱帯雨林 …… 36
- スペリオル湖　世界最大の淡水湖 …… 38
- フレーザー島　世界最大の砂の島 …… 40
- ヴィクトリア滝　世界最大の垂直面積の滝 …… 42
- パンタナール大湿原　世界最大の湿原 …… 44
- トゥルカナ湖　世界最大の砂漠湖 …… 46
- クック諸島　世界最大の森林面積比率 …… 48
- デヴォン島　世界最大の無人島 …… 50
- ヴィクトリア湖　世界最大の熱帯湖 …… 52
- ラプラタ川　世界最大の川幅の川 …… 54

第2章 世界最大 建造物編

- カッパドキア　世界最大の地下都市 …… 56
- コルコヴァードのキリスト　世界最大のキリスト像 …… 58
- プラハ城　世界最大の古城 …… 60
- ギザの大ピラミッド　世界最大のピラミッド …… 62
- ヴェルサイユ宮殿の庭園　世界最大の庭園 …… 64
- 楽山大仏　世界最大の近代以前の大仏 …… 66
- 北京国家体育場　世界最大の鉄筋建造物 …… 68
- イタイプダム　世界最大の発電容量のダム …… 70

ボロブドゥール　世界最大の仏教遺跡	72
紫禁城　世界最大の皇宮	74
富の噴水　世界最大の噴水	76
ケルン大聖堂　世界最大のゴシック様式の建物	78
ケック望遠鏡　世界最大の光学・赤外線望遠鏡	80
The O2　世界最大の単一屋根の建物	82
天安門広場　世界最大の広場	84
ビルバオ・グッゲンハイム美術館　世界最大の展示空間	86

第3章　世界最長

ナイル川　世界最長の川	88
万里の長城　世界最長の建造物	90
アンデス山脈　世界最長の山脈	92
グレート・バリア・リーフ　世界最長の珊瑚礁	94
シベリア鉄道　世界最長の鉄道	96
ドバイ・ファウンテン　世界最長の噴水	98

第4章　世界最古

イエローストーン国立公園　世界最古の国立公園	100
ナミブ砂漠　世界最古の砂漠	102
カピトリーノ美術館　世界最古の一般公開された美術館	104
サンマリノ共和国　世界最古の共和国	106
マダガスカル島　世界最古の島	108
ウェット・トロピックス　世界最古の湿潤地帯	110
アイアンブリッジ　世界最古の鉄橋	112
ジェゼル王のピラミッド　世界最古のピラミッド	114
カッフェ・フローリアン　世界最古のカフェ	116

第5章 世界最高

- ロライマ　世界最高地点のテーブルマウンテン　… 118
- エベレスト　世界最高の山　… 120
- ブルジュ・ハリファ　世界最高層のビル　… 122
- ラパス　世界最高所の首都　… 124
- チチカカ湖　世界最高所の航行可能な湖　… 126
- 上海環球金融中心　世界最高層の展望台　… 128
- プラバトム仏塔　世界最高の仏塔　… 130
- ミヨー橋　世界最高の橋　… 132
- モスクワ大学　世界最高層の校舎　… 134

第6章 その他の世界一

- 南極　世界一寒い場所　… 136
- 死海　世界一地表が低い場所　… 138
- エルミタージュ美術館　世界最多の収蔵点数　… 140
- バチカン市国　世界一小さな国　… 142
- ムンバイ市　世界一の人口過密都市　… 144
- ナトロン湖　世界一強いアルカリ湖　… 146
- スルツェイ島　世界一若い島　… 148
- バイカル湖　世界一深い湖　… 150
- アスワン市　世界一雨が降らない場所　… 152
- ディスコ湾　世界一多くの流氷が流れ込む湾　… 154

日本の世界一

- 明日、すぐにでも行ける!?　日本が誇る10の世界一　… 156
- 京都タワー（世界最高の無鉄骨塔）
- 明石海峡大橋（世界最長の吊り橋）
- 東京スカイツリー（世界最高の電波塔）
- 青函トンネル（世界最長の交通機関用トンネル）
- 沖ノ鳥島（世界最小の島）
- 土渕海峡（世界一狭い海峡）
- 新宿駅（世界最大の乗降客数の駅）
- 蓬莱橋（世界最長の木造歩道橋）
- G1TOWER（世界最高のエレベーター塔）
- 牛久大仏（世界最大のブロンズ立像）

ブックデザイン／黒瀬章夫

世界は広大です。

わたしたちの想像をはるかに超えるものが
世界にはたくさんあります。

本書では、
世界中から85もの世界一を集めて、
写真エージェンシー・アフロが誇る
膨大なコレクションの中から、
もっとも美しく、もっとも迫力がある写真のみを
厳選してご用意いたしました。

それでは、
世界一の場所だけをめぐる
紙上世界旅行の旅へ出発です！

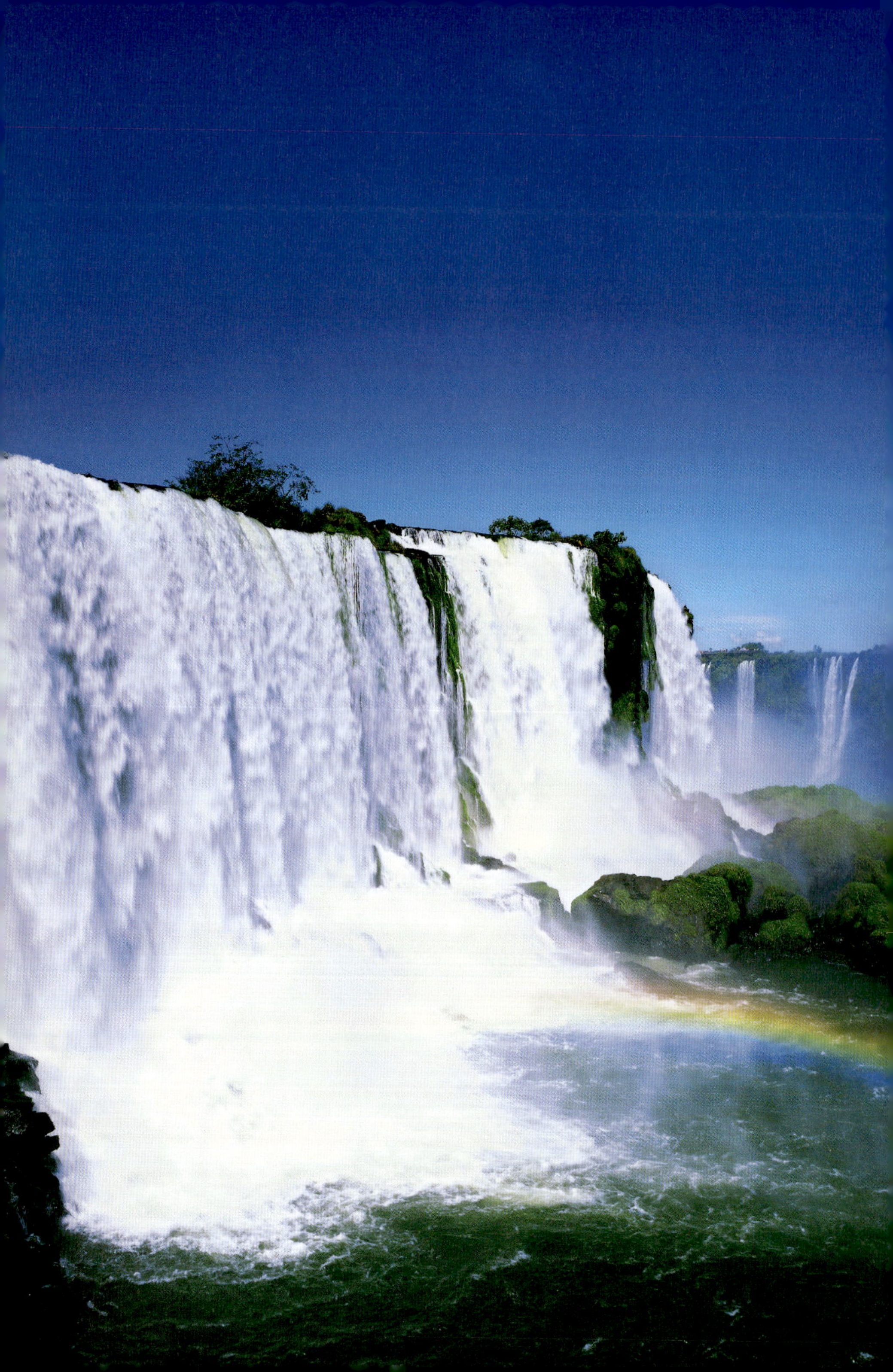

第1章 世界最大 自然編

巨大な水塊が叩きつけられる「悪魔の喉笛」

イグアスの滝
世界最大の流量の滝。アルゼンチン、ブラジル。大小275の滝のうち最大の滝が「悪魔の喉笛」と呼ばれる。

見上げるものを
圧倒する聖なる岩

エアーズロック（ウルル）
世界最大の砂岩の一枚岩。オーストラリア。総体積は5億4,000㎥。先住民・アボリジニの聖地である。

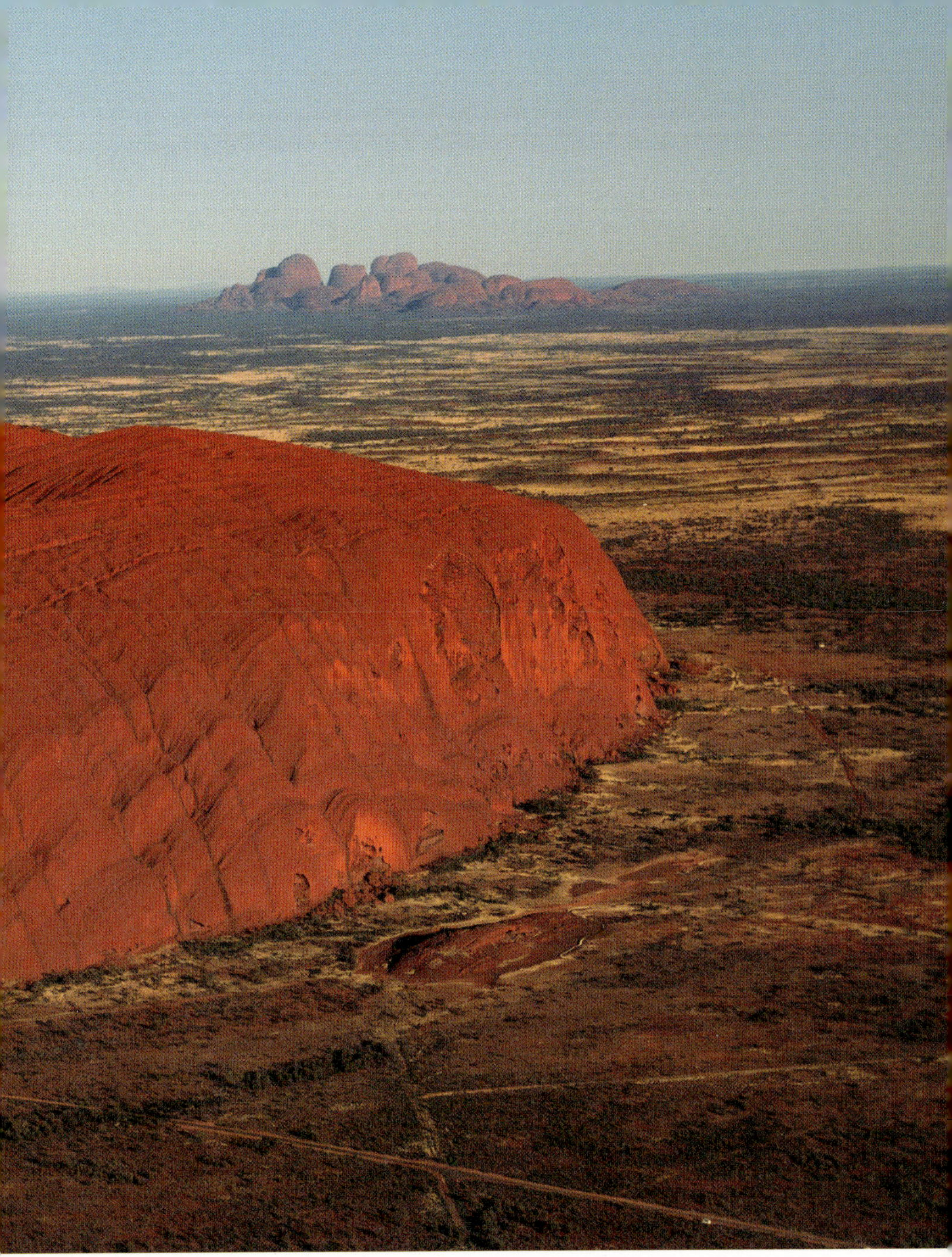

多様な
生態系を守る
偉大な川

アマゾン川
世界最大の流域面積の川。ブラジルなど。アンデス山脈の源流から南米大陸を横断して、大西洋へ流れ込む。

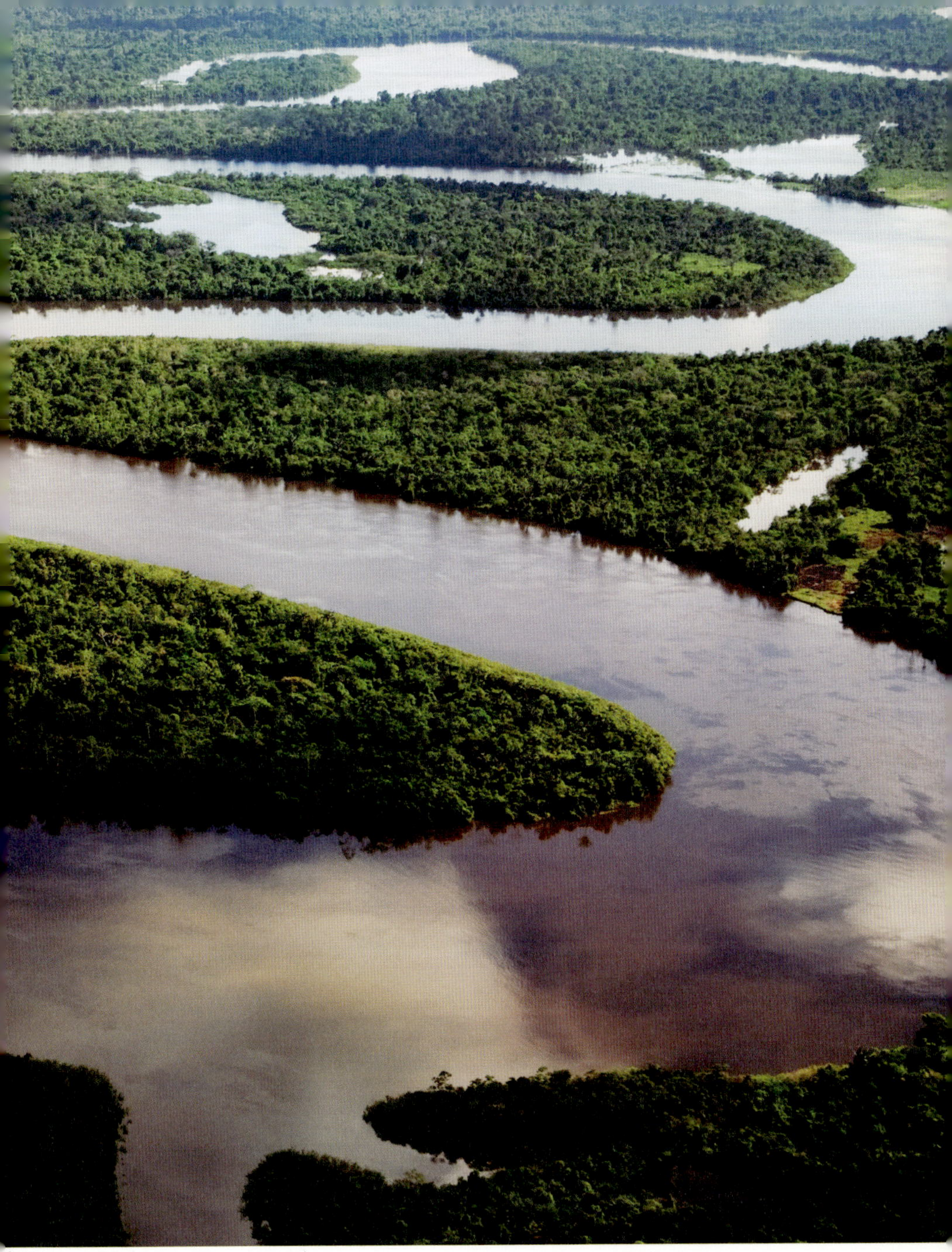

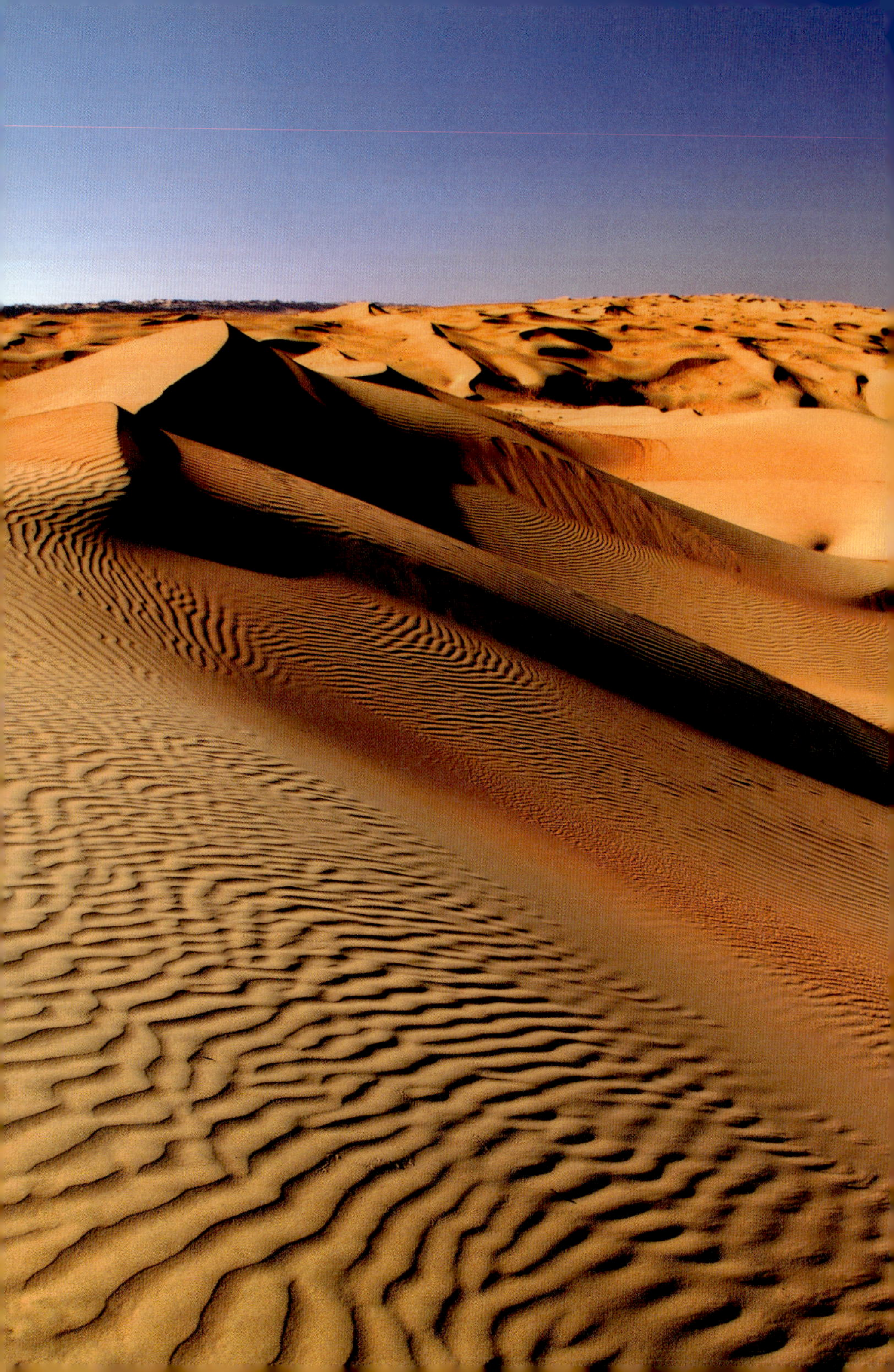

見渡す限り、
砂の大海

サハラ砂漠
世界最大の砂漠。エジプトなど10ヵ国以上にまたがる。総面積約910万 km²。アフリカ大陸の3分の1を占める。

どこまでも続く、天空の鏡

ウユニ塩原
世界最大の塩原。ボリビア。面積1万2,000km²の真っ白な塩原。水がはる雨期は空を反射し「世界最大の鏡」と呼ばれる。

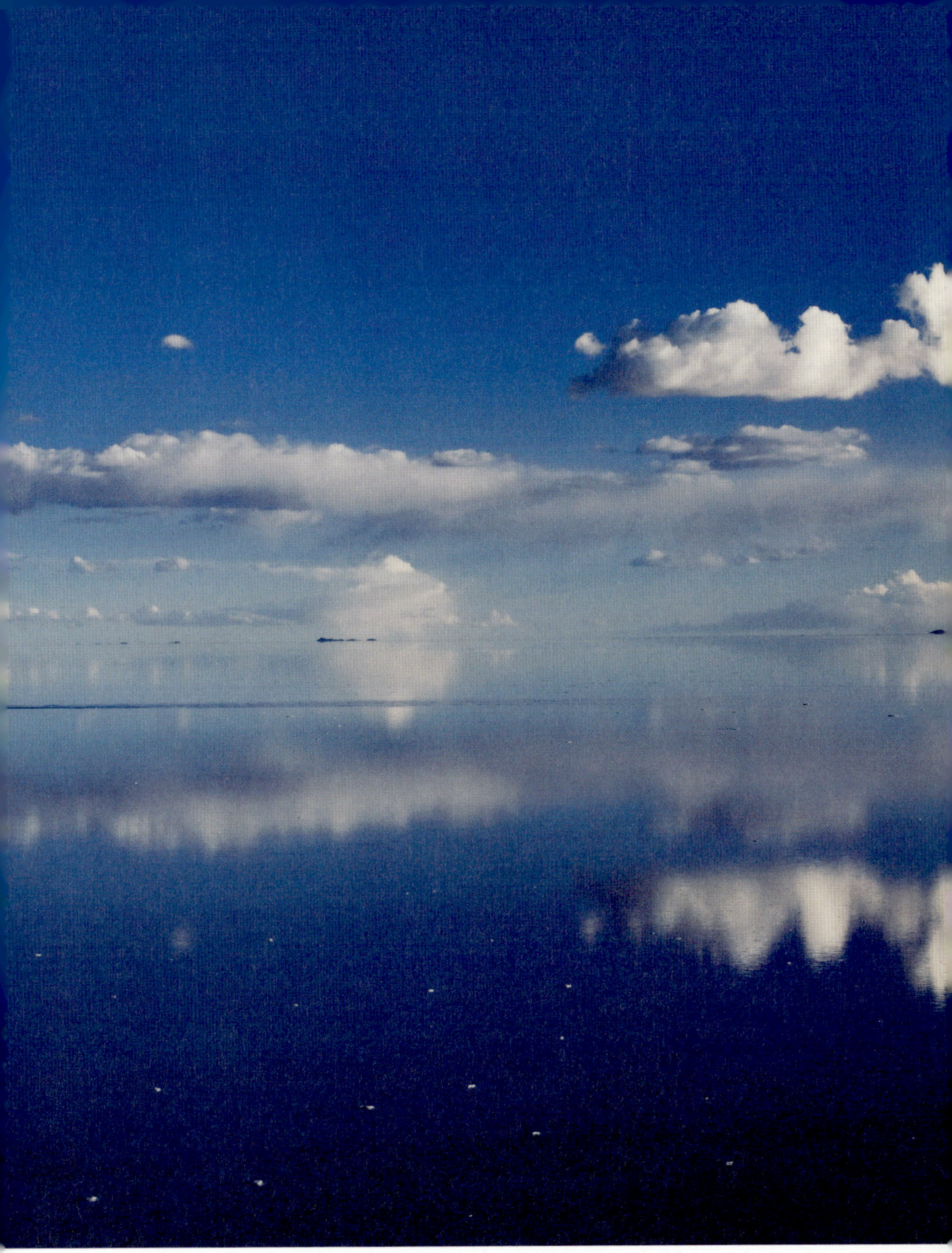

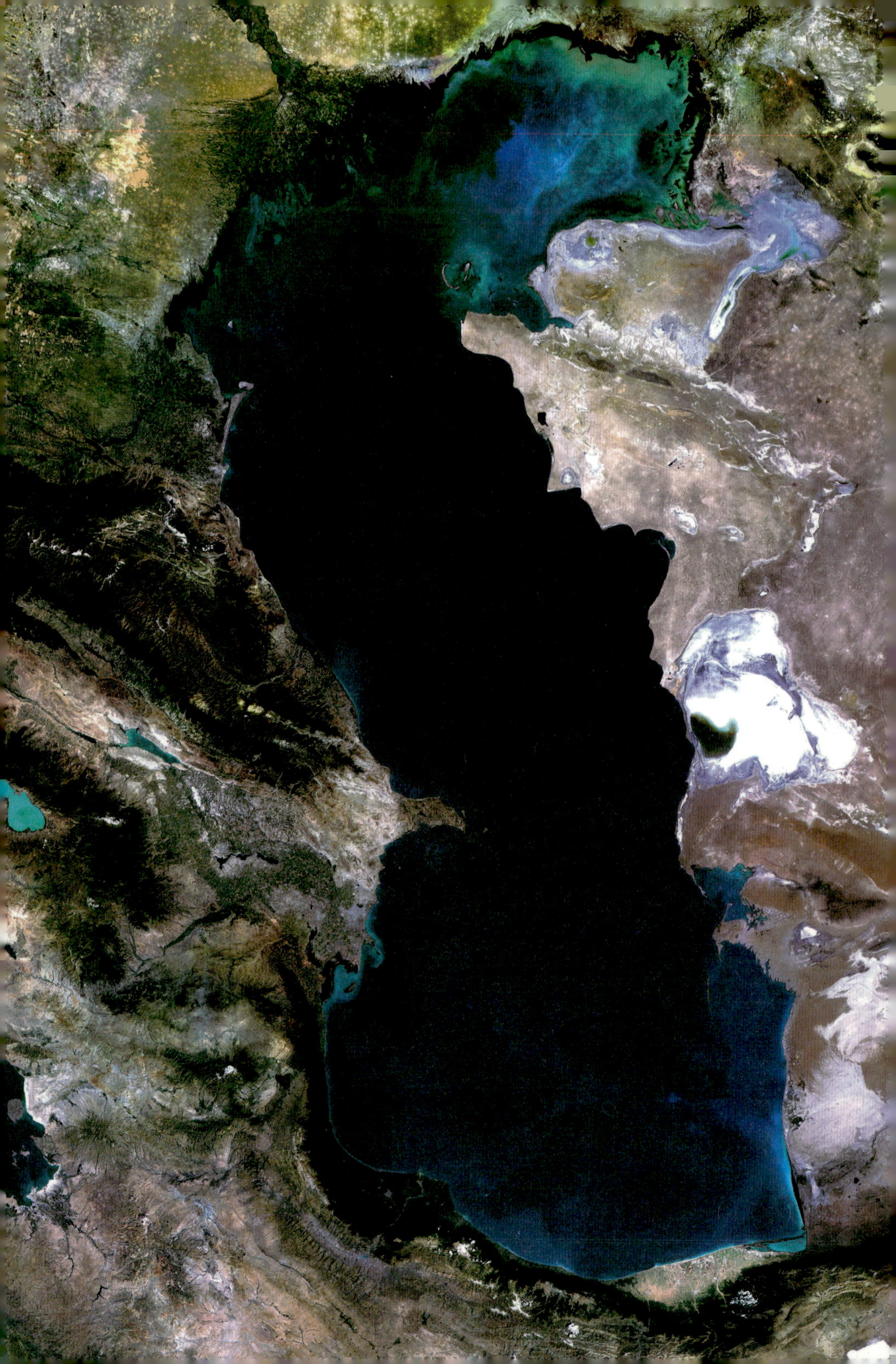

悠久の年月で
閉じ込められた内海

カスピ海
世界最大の湖。イランなど。中央アジア西部からイラン北部に広がる水産資源が豊富な湖。面積約37万 km²。

もっとも大きく、
もっとも高い

チベット高原
世界最高所にある、世界最大の高原。中国チベット自治区。崑崙山脈とヒマラヤ山脈に囲まれる。

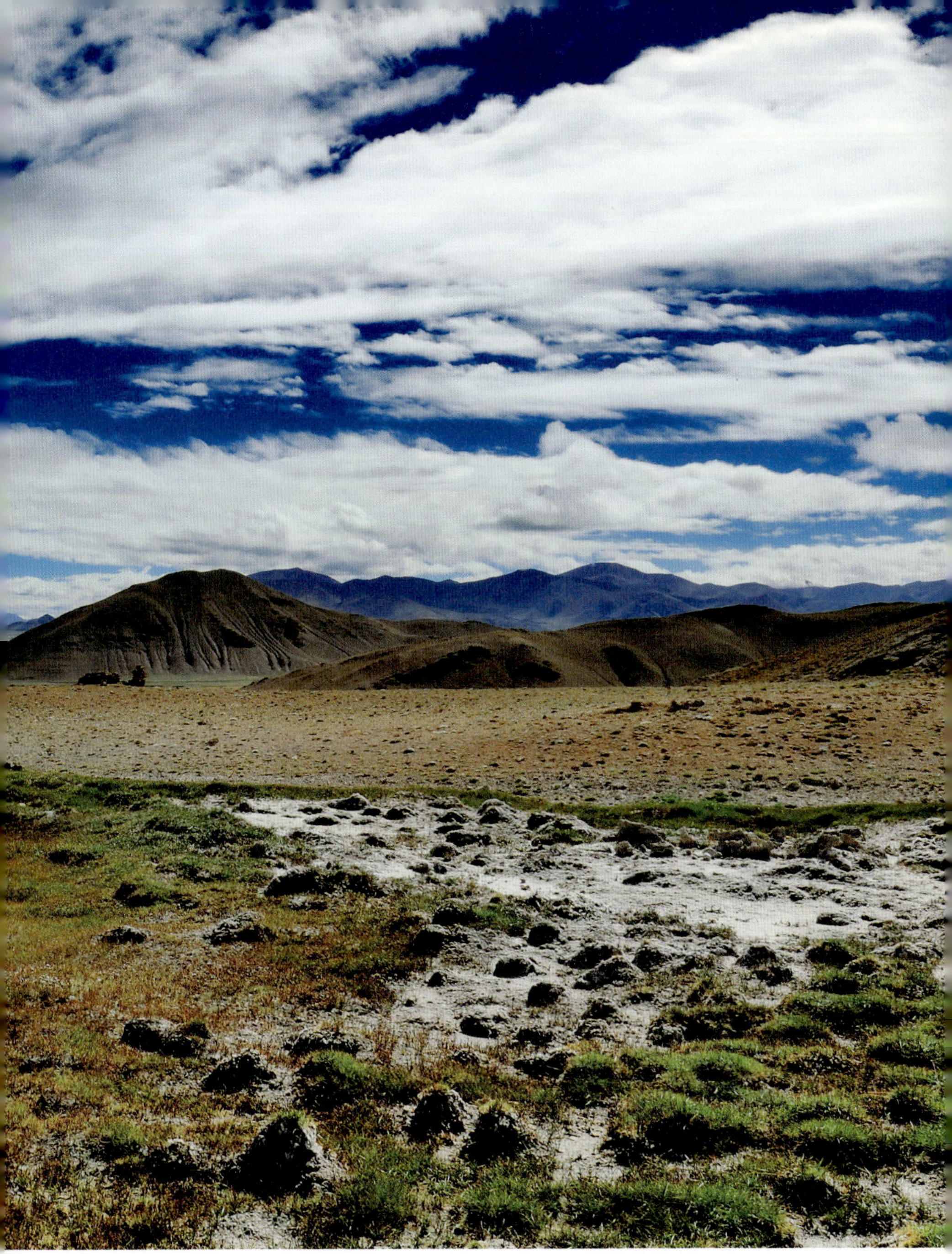

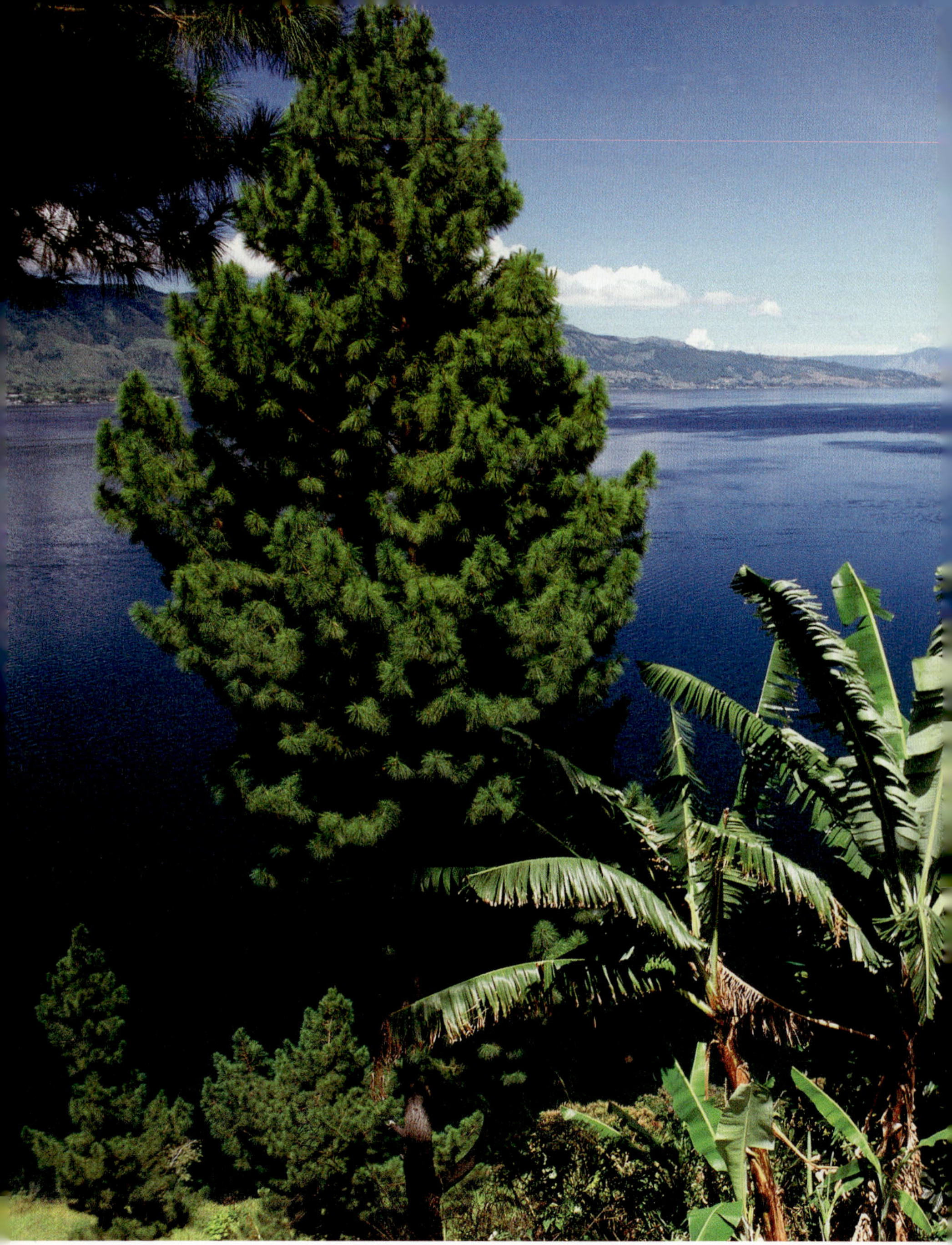

超巨大噴火が
作り上げた湖

トバ湖
世界最大のカルデラ湖。インドネシア。約7万年以上も前の巨大噴火が作り出した面積1,260km²のカルデラ。

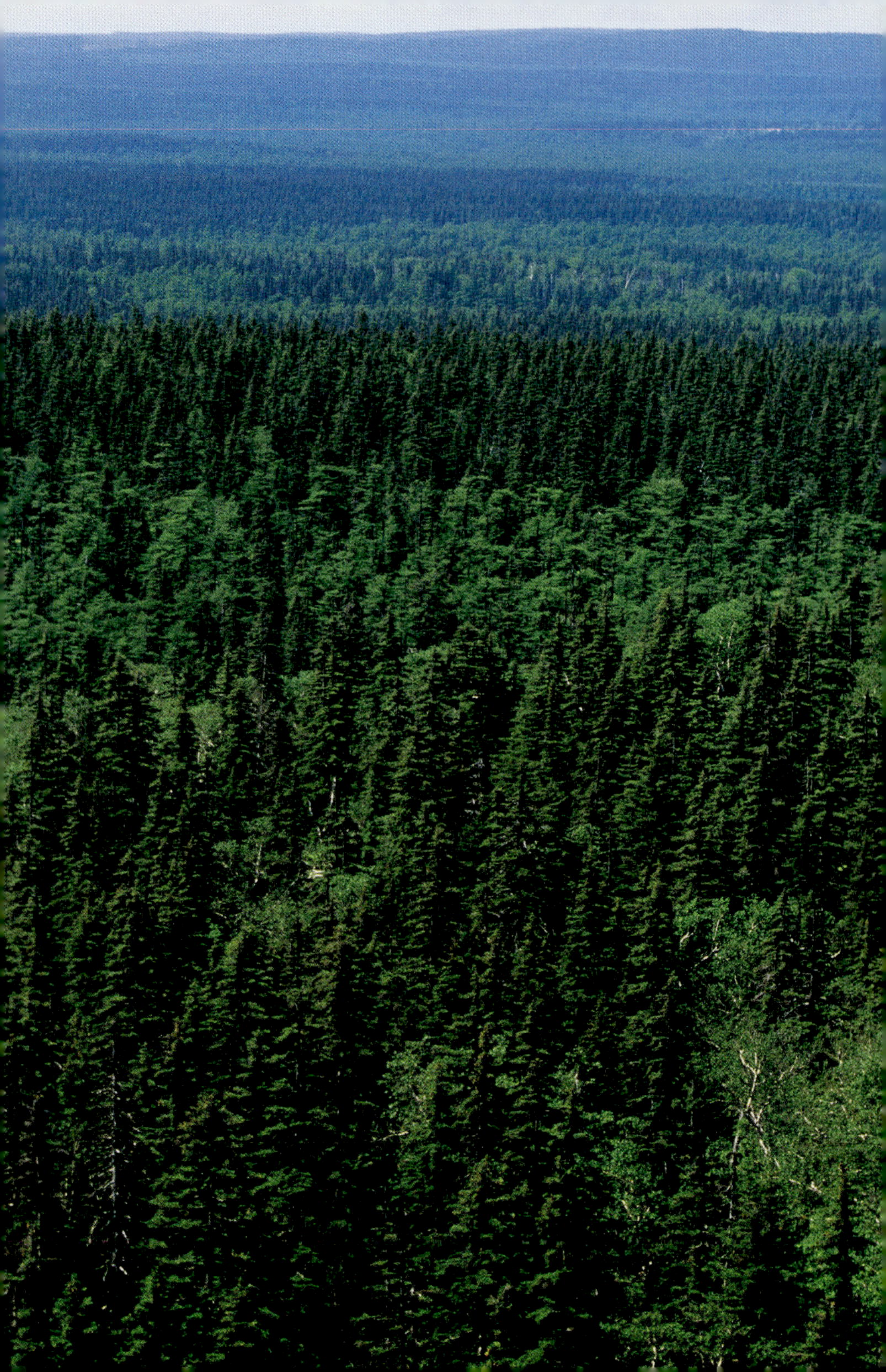

果てしなく広がる緑の世界

シベリア針葉樹林
世界最大の針葉樹林。ロシア。地球の針葉樹林の半分以上が分布する。面積400万km²の大部分が永久凍土だ。

天空から
降りそそぐ
水の柱

エンジェル・フォール
世界最大の落差の滝。ベネズエラ。落差979m。ギアナ高地のテーブルマウンテンから降り注ぐ水の柱。

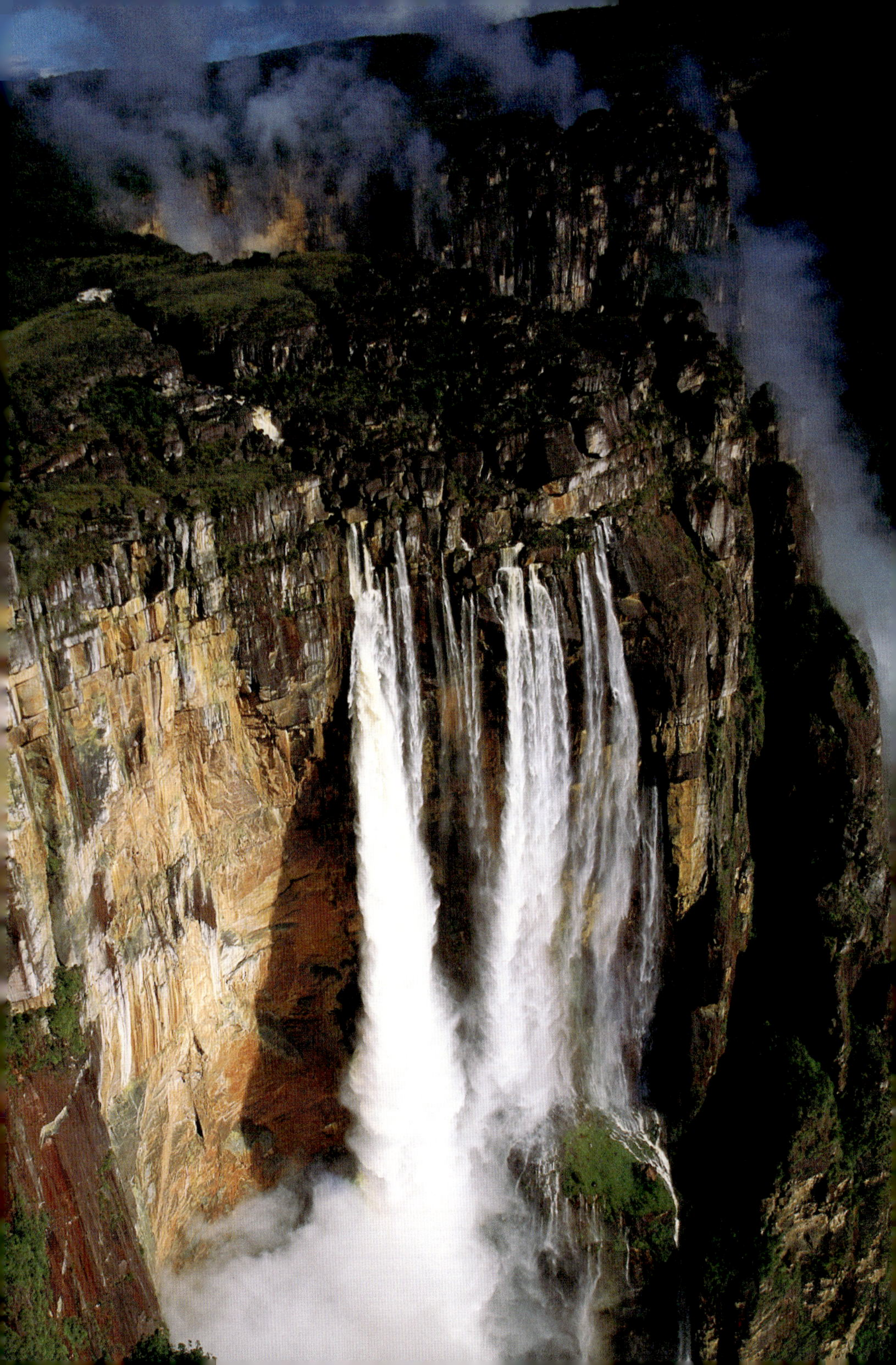

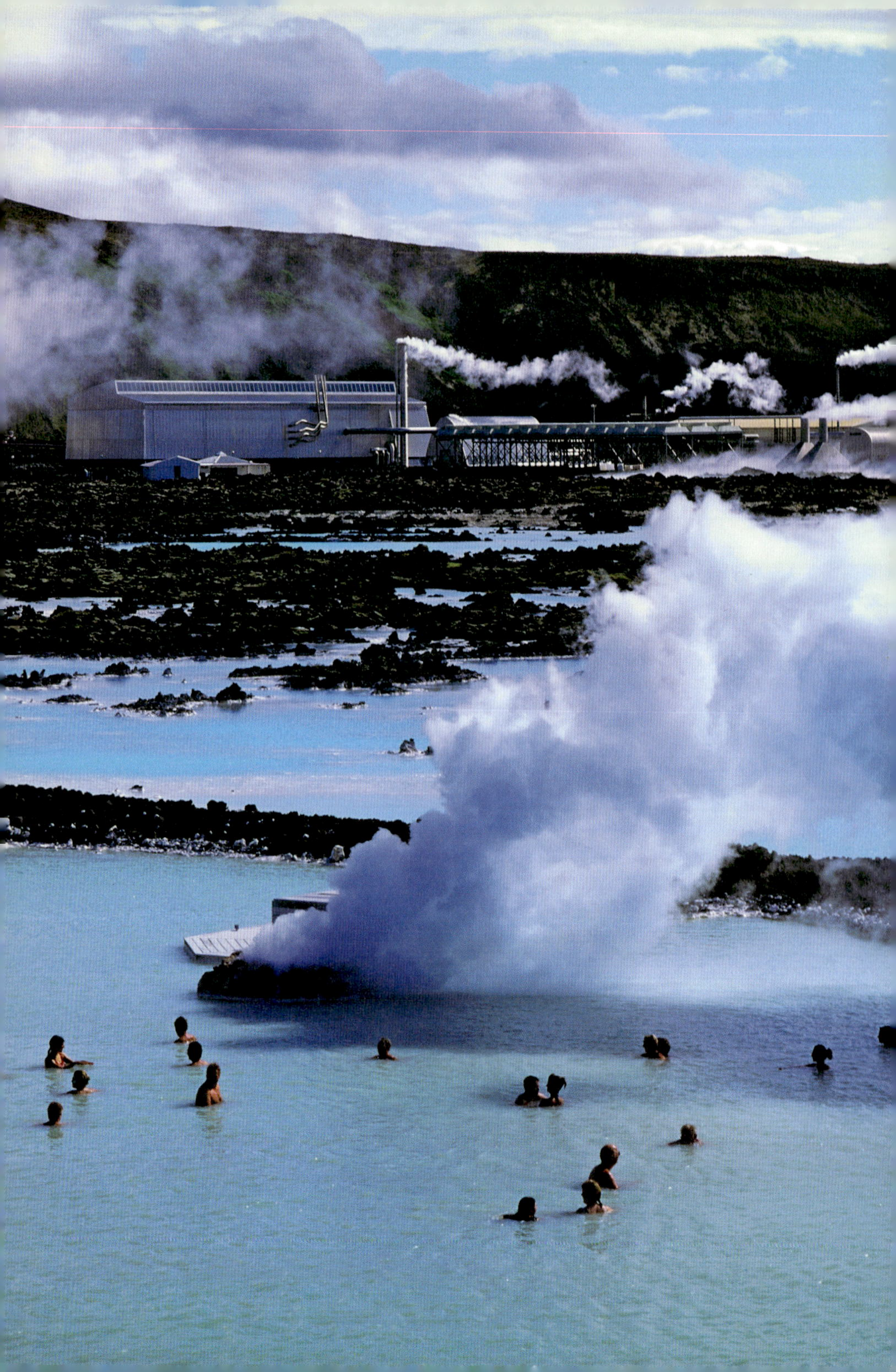

氷の国の
巨大な温泉

ブルーラグーン
世界最大の露天風呂。アイスランド。地熱発電所が地下からくみ上げた熱水を利用した面積5,000㎡の露天風呂。

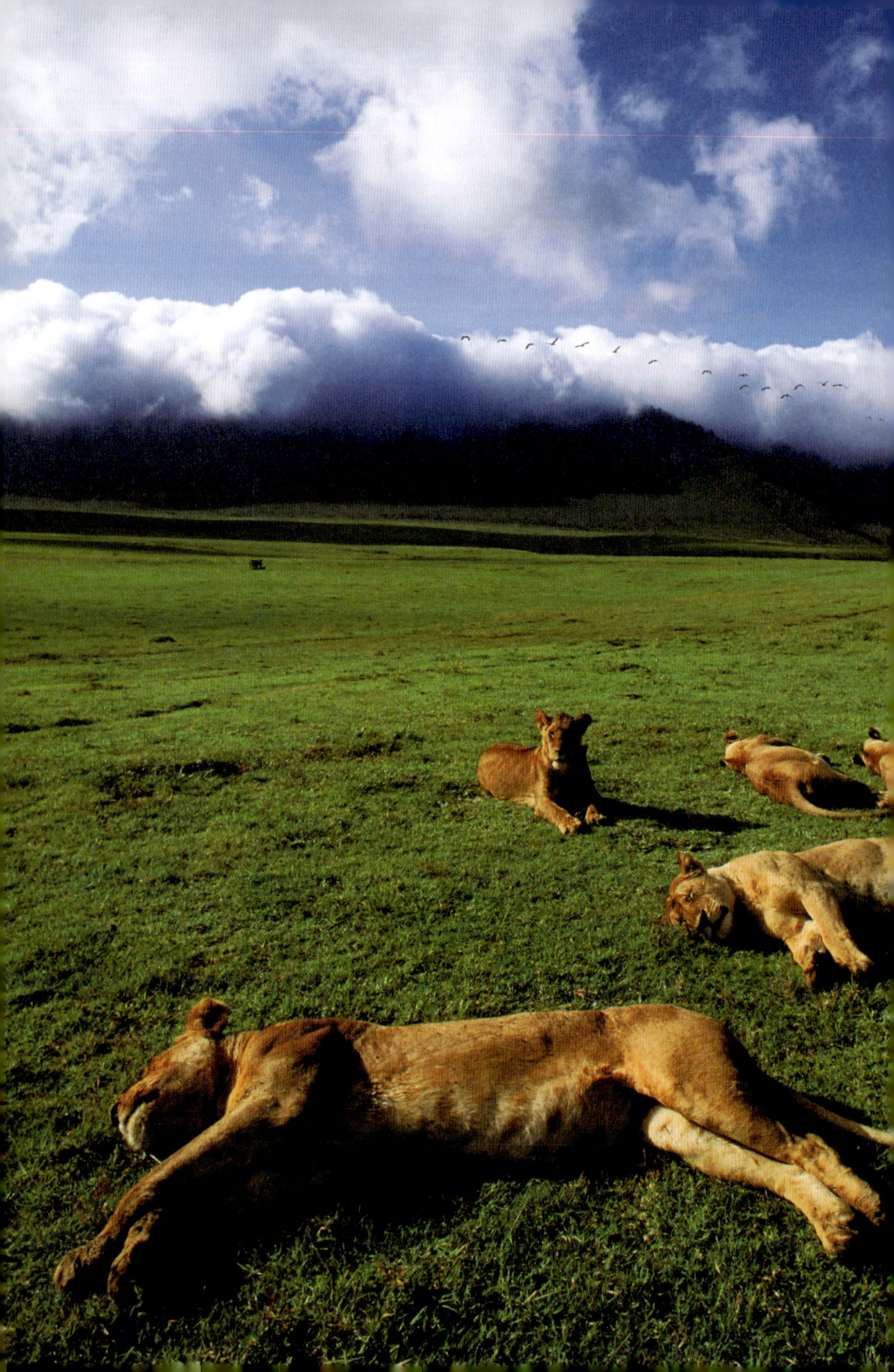

巨大クレーターで発達した独自の生態系

ンゴロンゴロ・クレーター
世界最大の火口壁に隔てられたクレーター。タンザニア。多くの野生動物が独自の生態系を形成する。

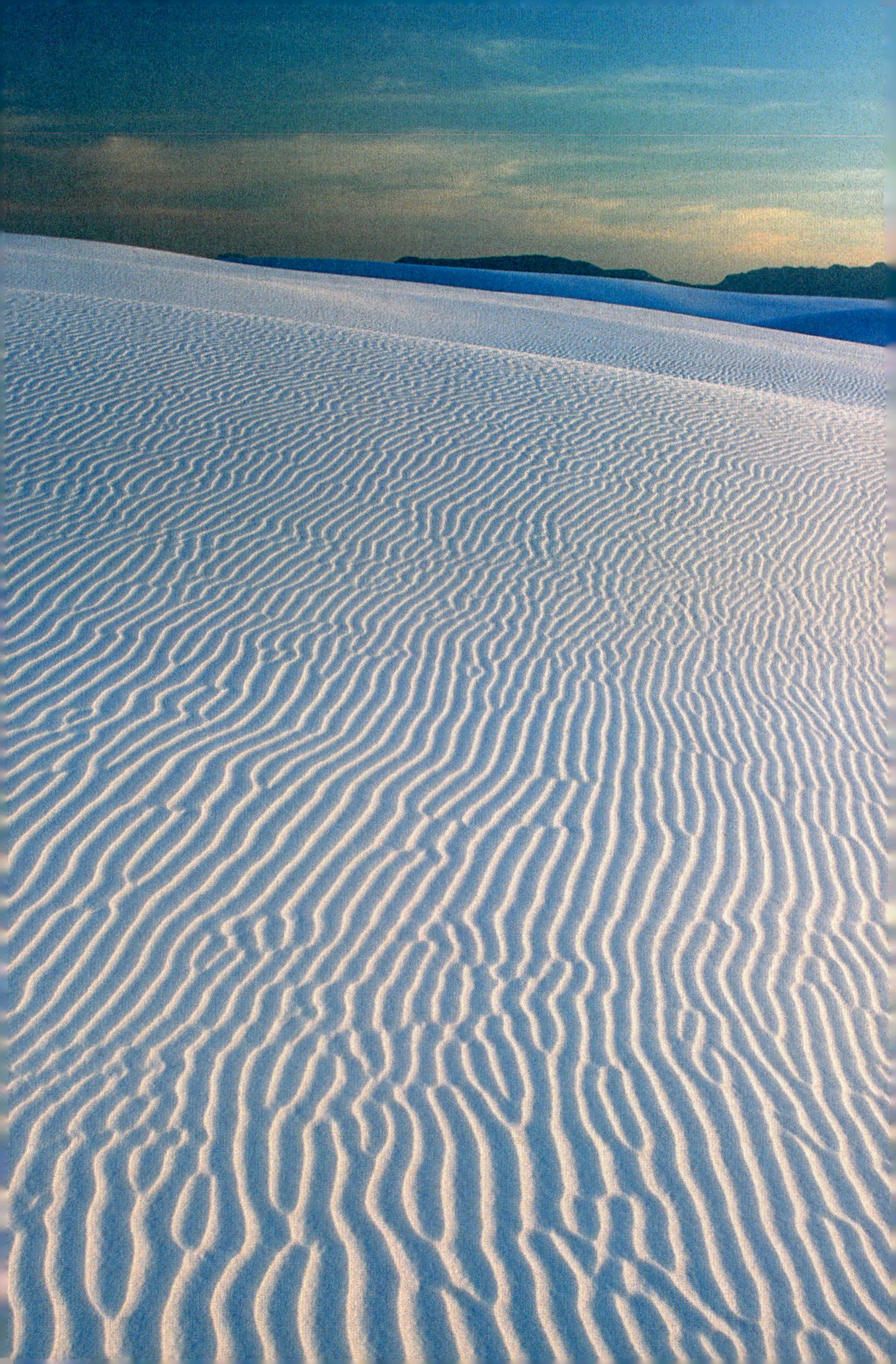

一面、純白の世界

ホワイトサンズ
世界最大の石膏の砂丘。アメリカ合衆国。広さ約710k㎡。ニューメキシコ州、トゥラロサ盆地にある純白の砂漠。

豊かな実りを
もたらす
穀倉地帯

グレート・プレーンズ
世界最大の温帯草地。アメリカ合衆国など。約300万km²の広大な平原にアメリカンバイソンなどが棲息する。

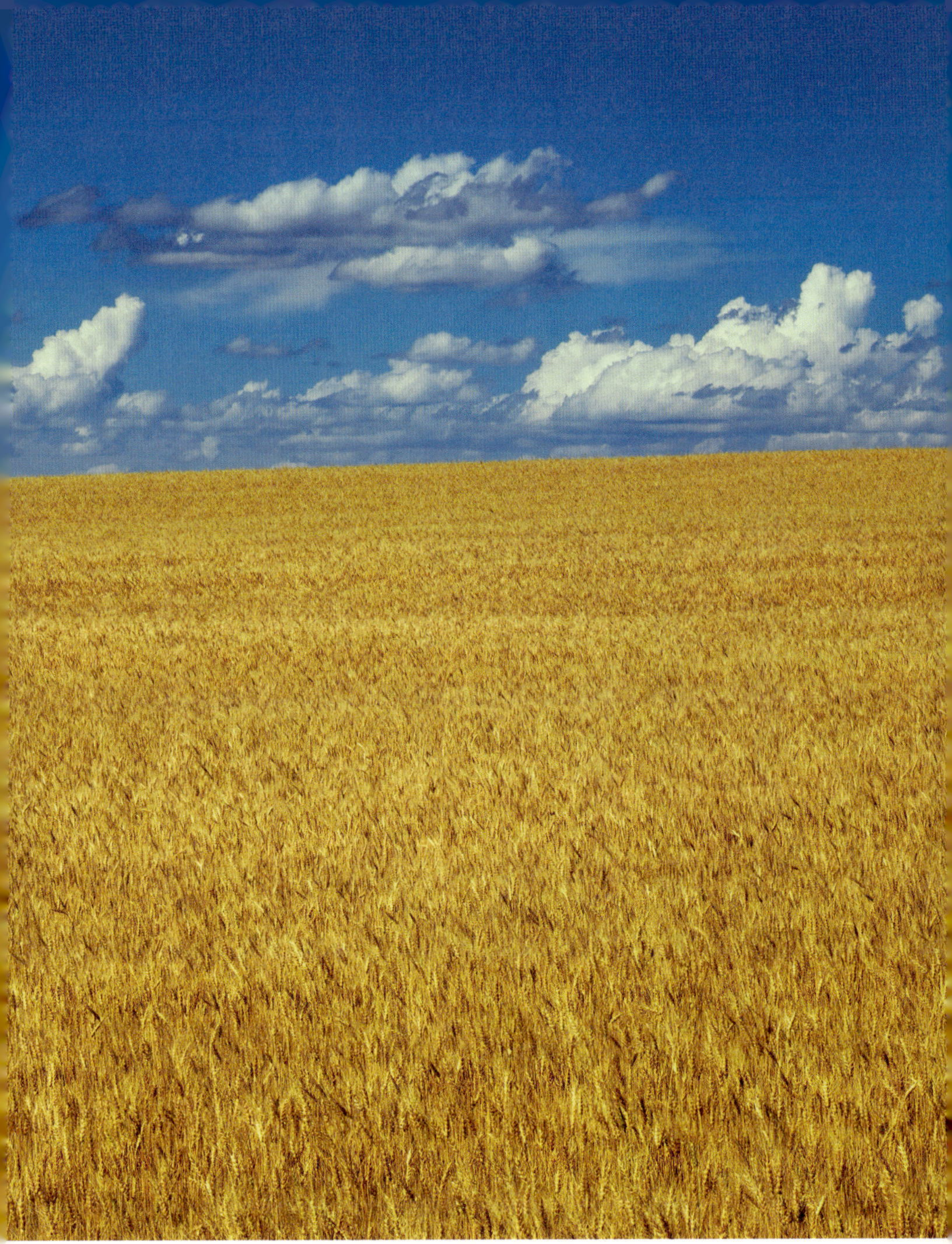

消えては現れる
広大な湖

エーア湖
世界最大の一時湖。オーストラリア。乾季になると、渇水して完全に湖底を見せることもある。

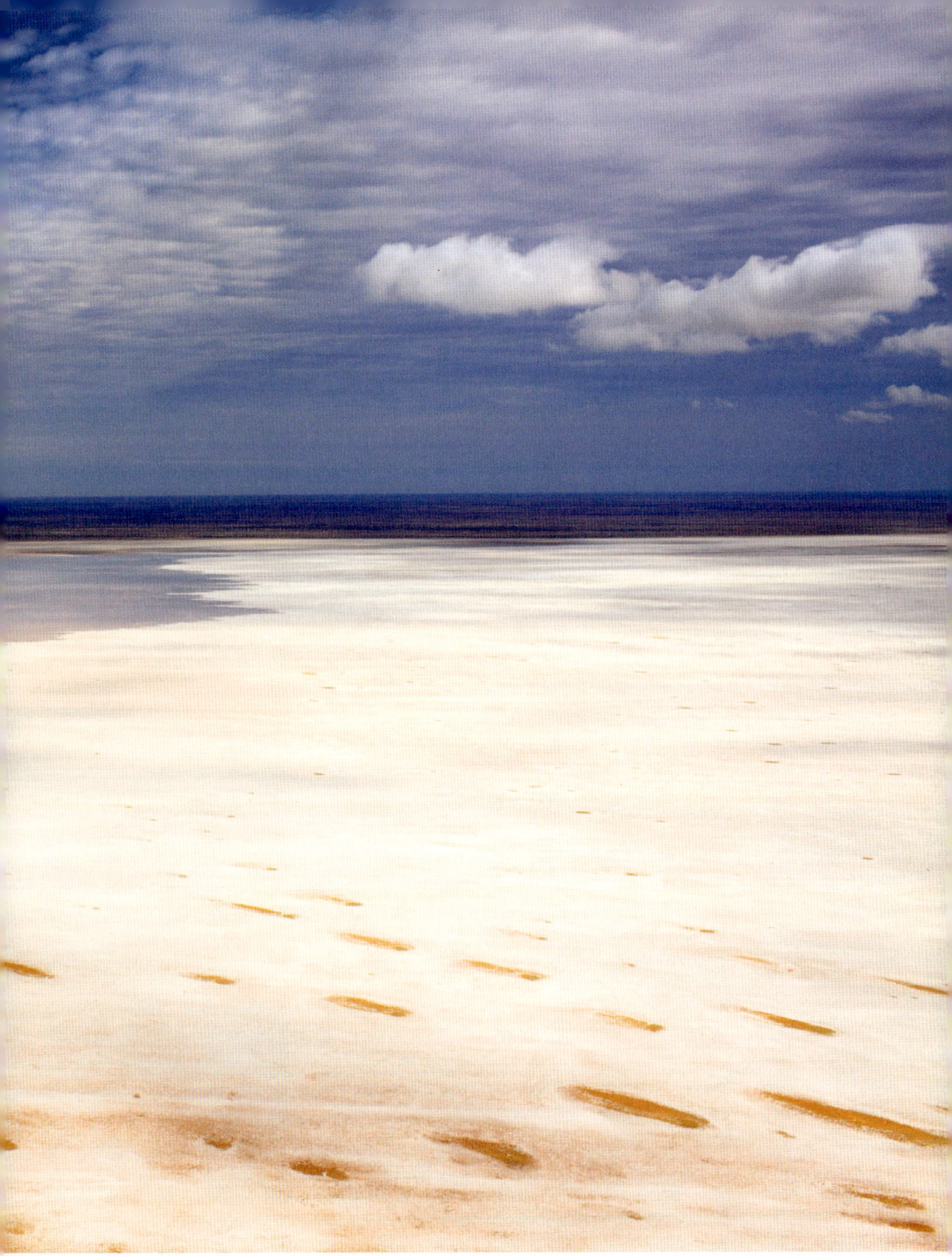

果てのない
木々、木々、木々

アマゾン川の熱帯雨林
世界最大の熱帯雨林。ブラジルなど。高温多湿で密林に覆われる熱帯雨林は「セルバ」と呼ばれる。

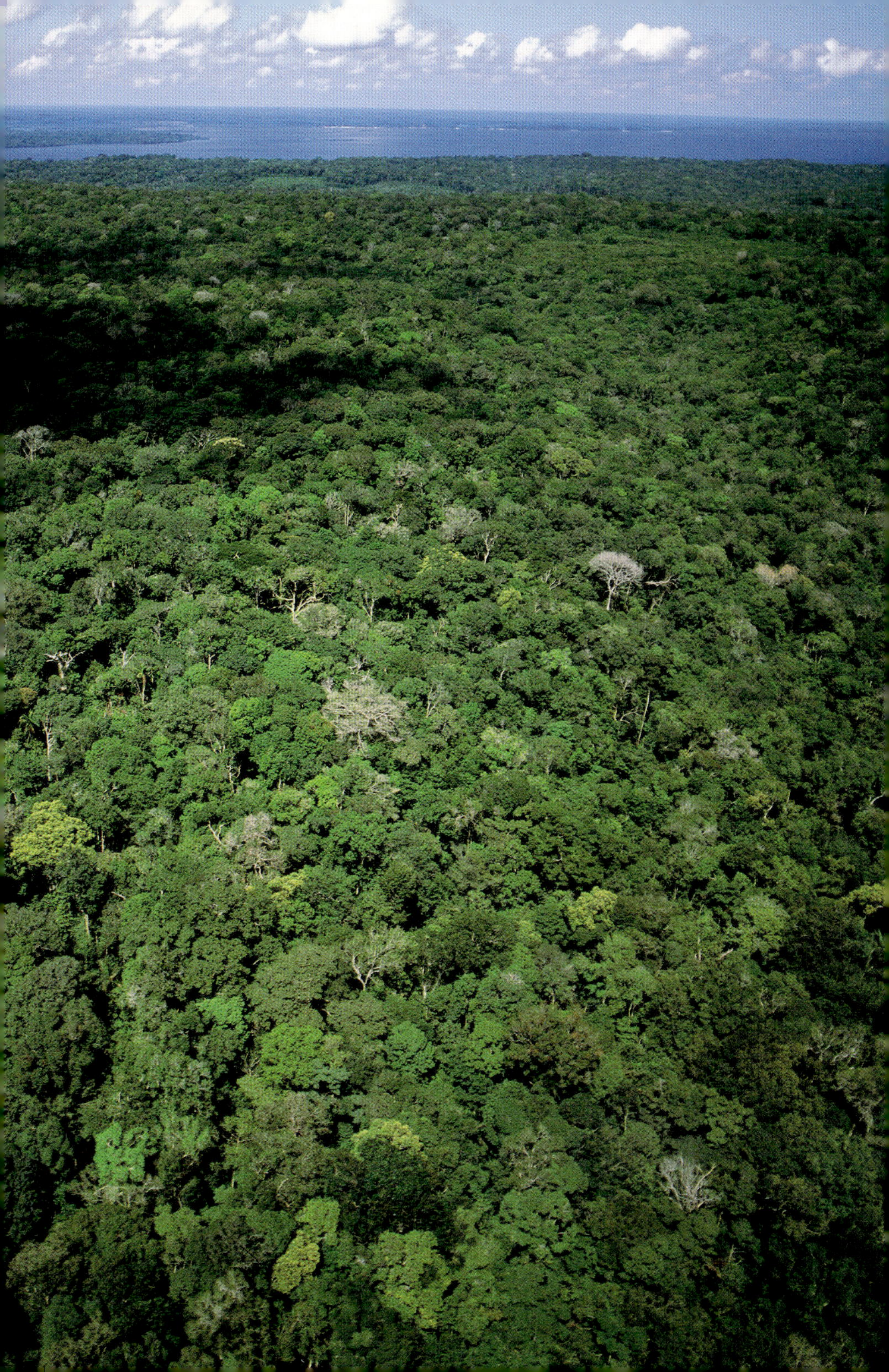

五大湖最大にして、
世界最大

スペリオル湖
世界最大の淡水湖。アメリカ、カナダ。面積8万2,000km²。五大湖のなかで北西端に位置する。冬季は凍結する。

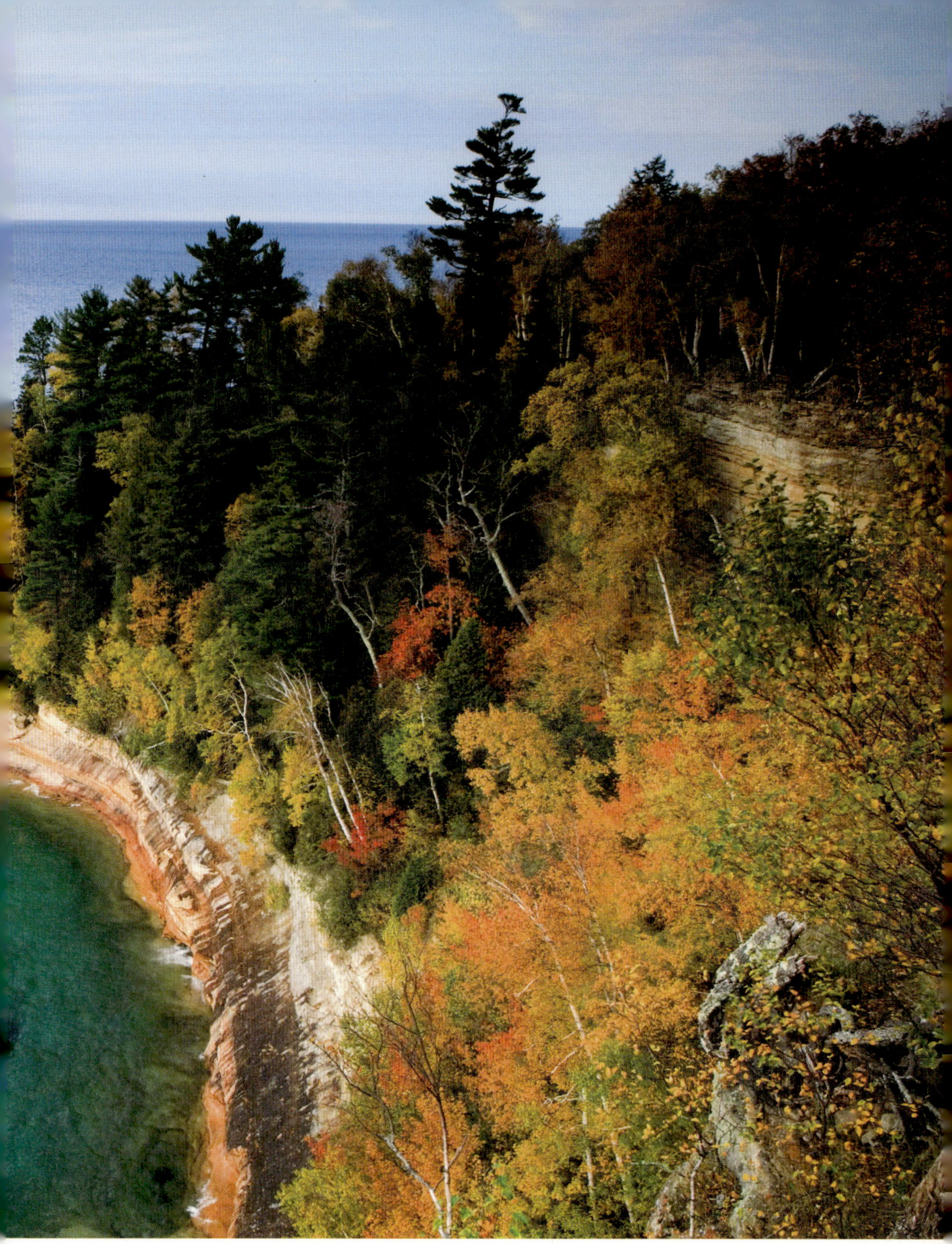

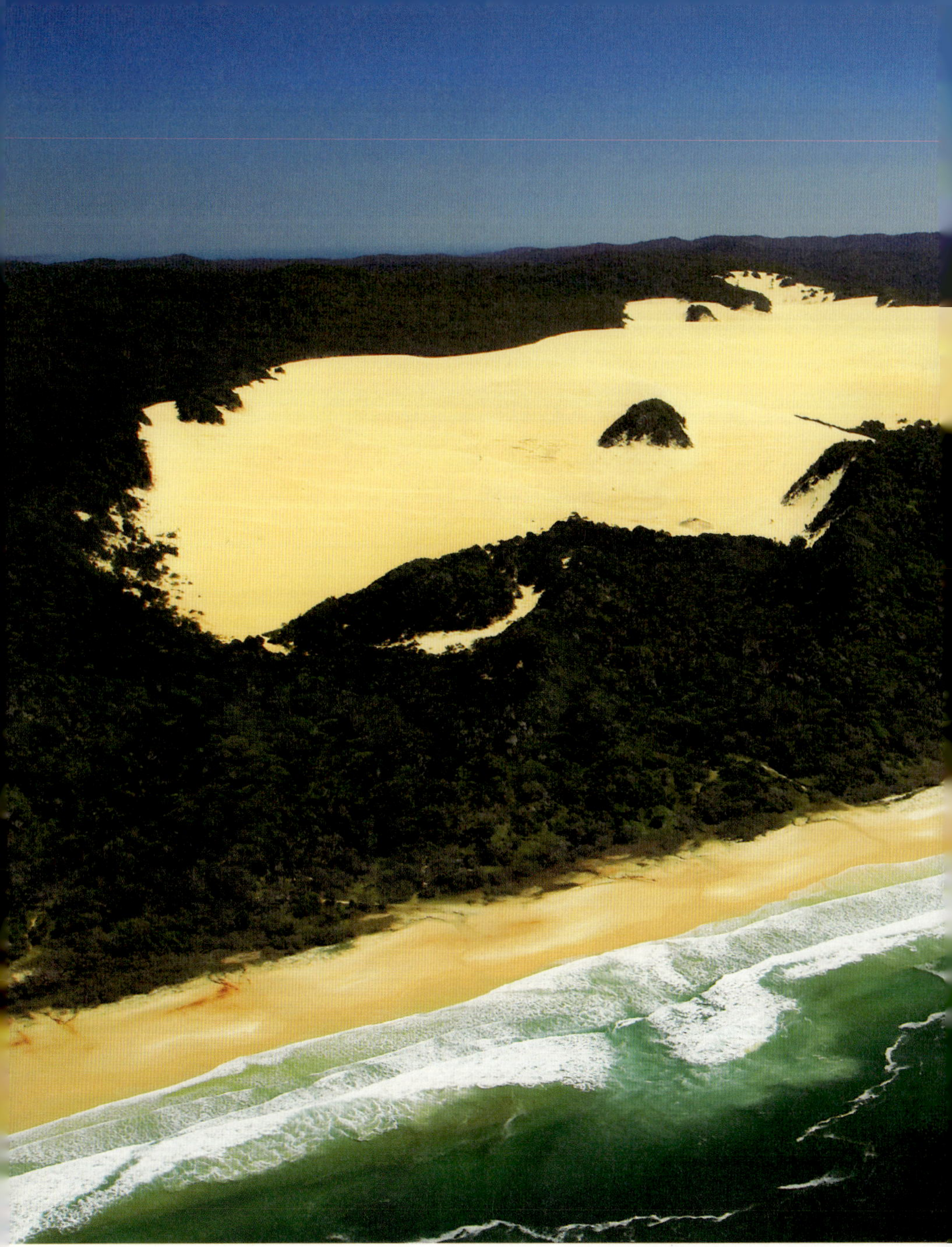

楽園と呼ばれた砂の島

フレーザー島
世界最大の砂の島。オーストラリア。全長120km。熱帯雨林が茂る島をアボリジニは「キガリ(楽園)」と呼んだ。

女王の名に
ふさわしい
壮麗な滝

ヴィクトリア滝
世界最大の垂直面積の滝。ジンバブエ、ザンビア。高さ108m、幅1,708mの絶壁を水が流れ落ちる。

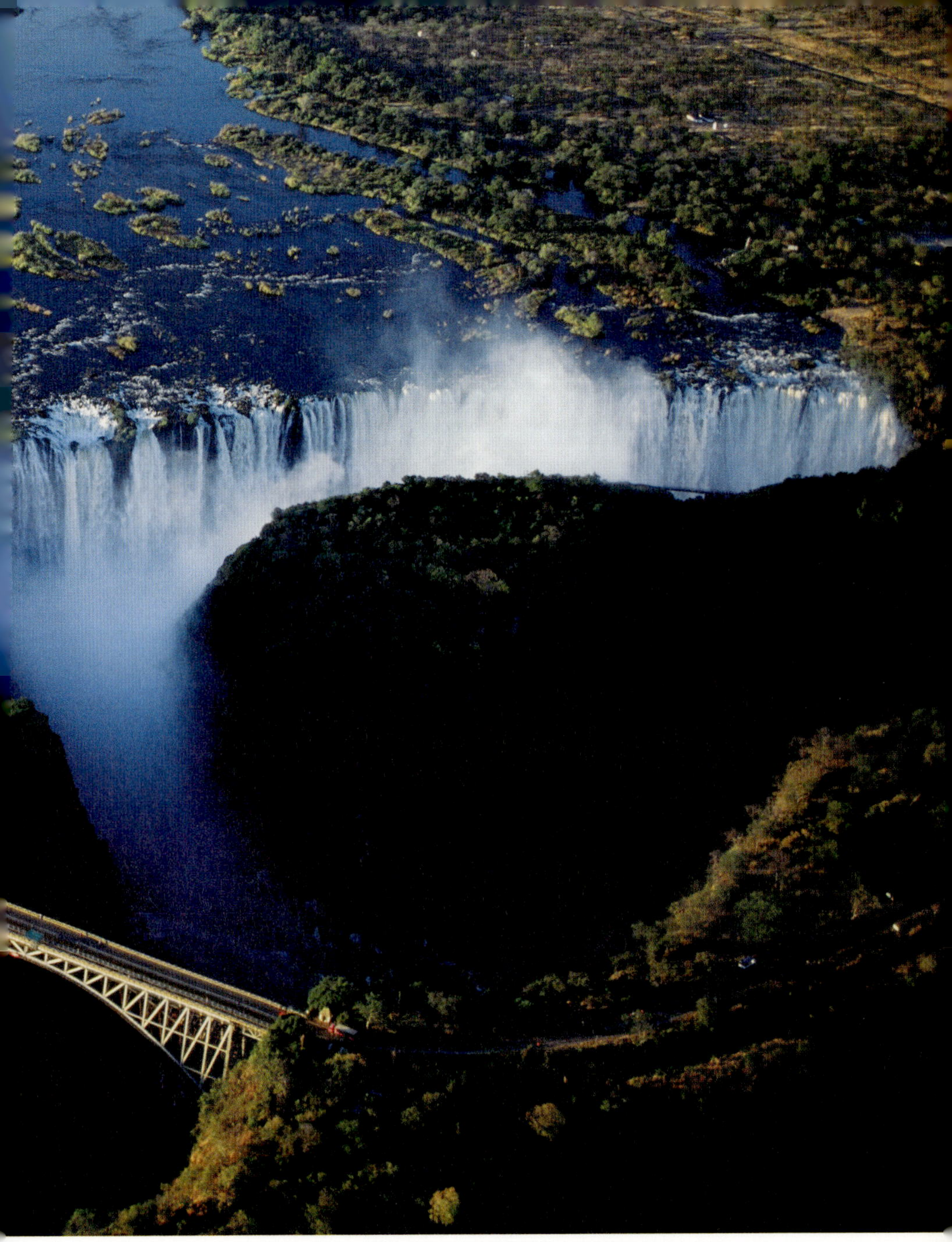

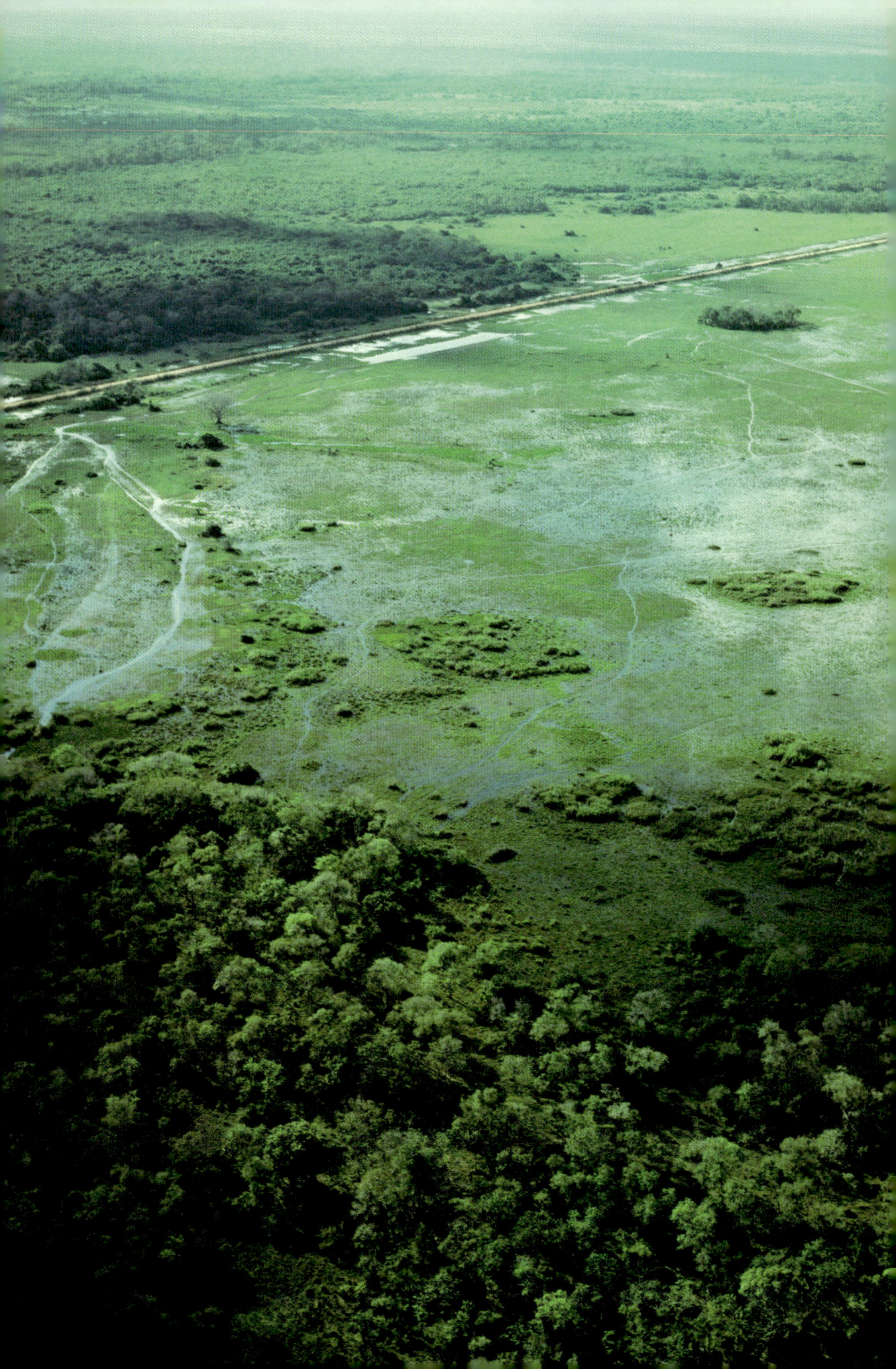

水と緑が
おりなす
野鳥の王国

パンタナール大湿原
世界最大の湿原。ブラジルなど。数多くの動植物を育む「生命の楽園」。雨季になると、大部分が水没する。

砂漠に広がる命の湖

トゥルカナ湖
世界最大の砂漠湖。ケニア、エチオピア。深緑の水を湛えたオアシス。先住民の暮らしを支えた「命の湖」。

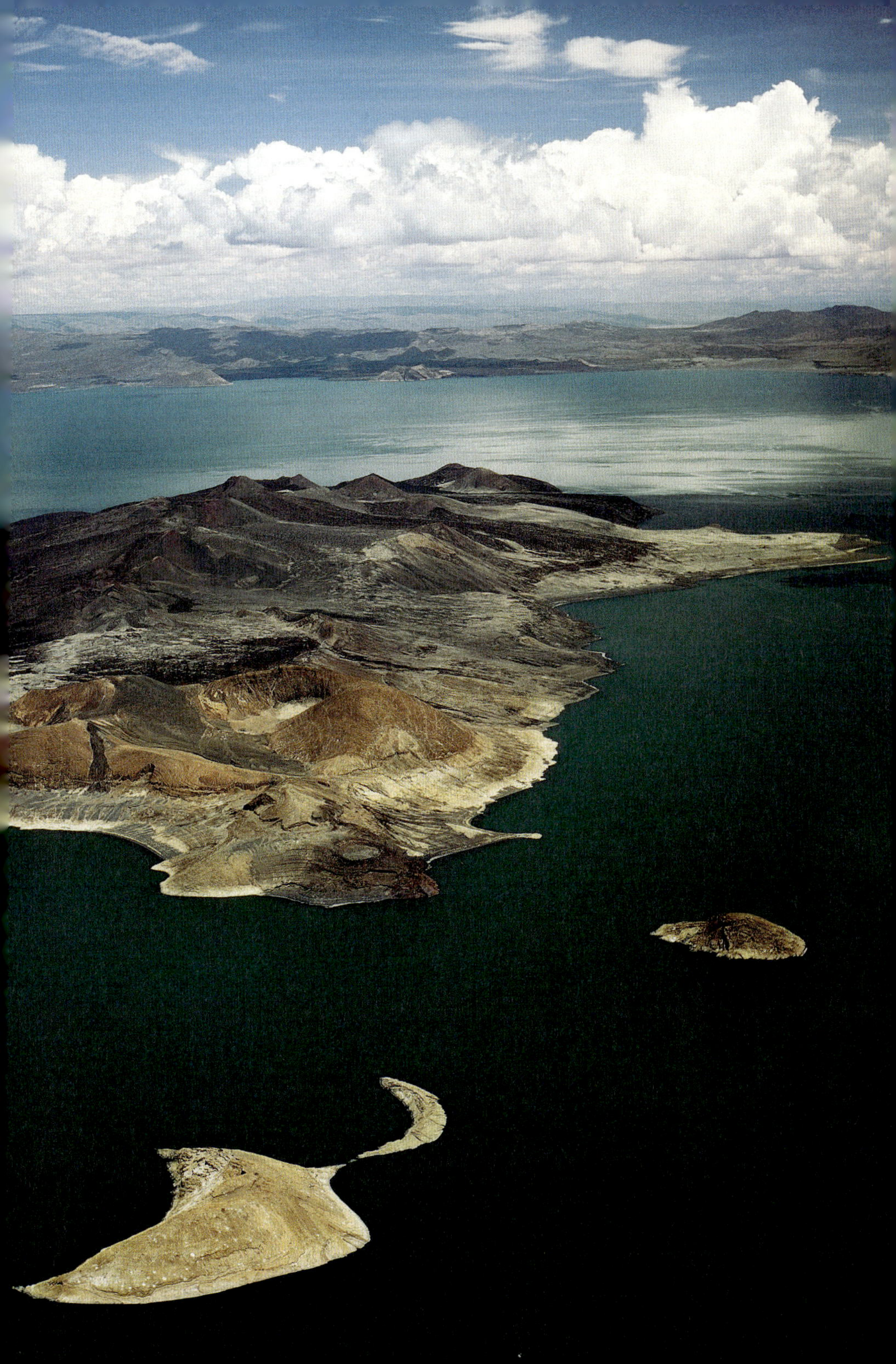

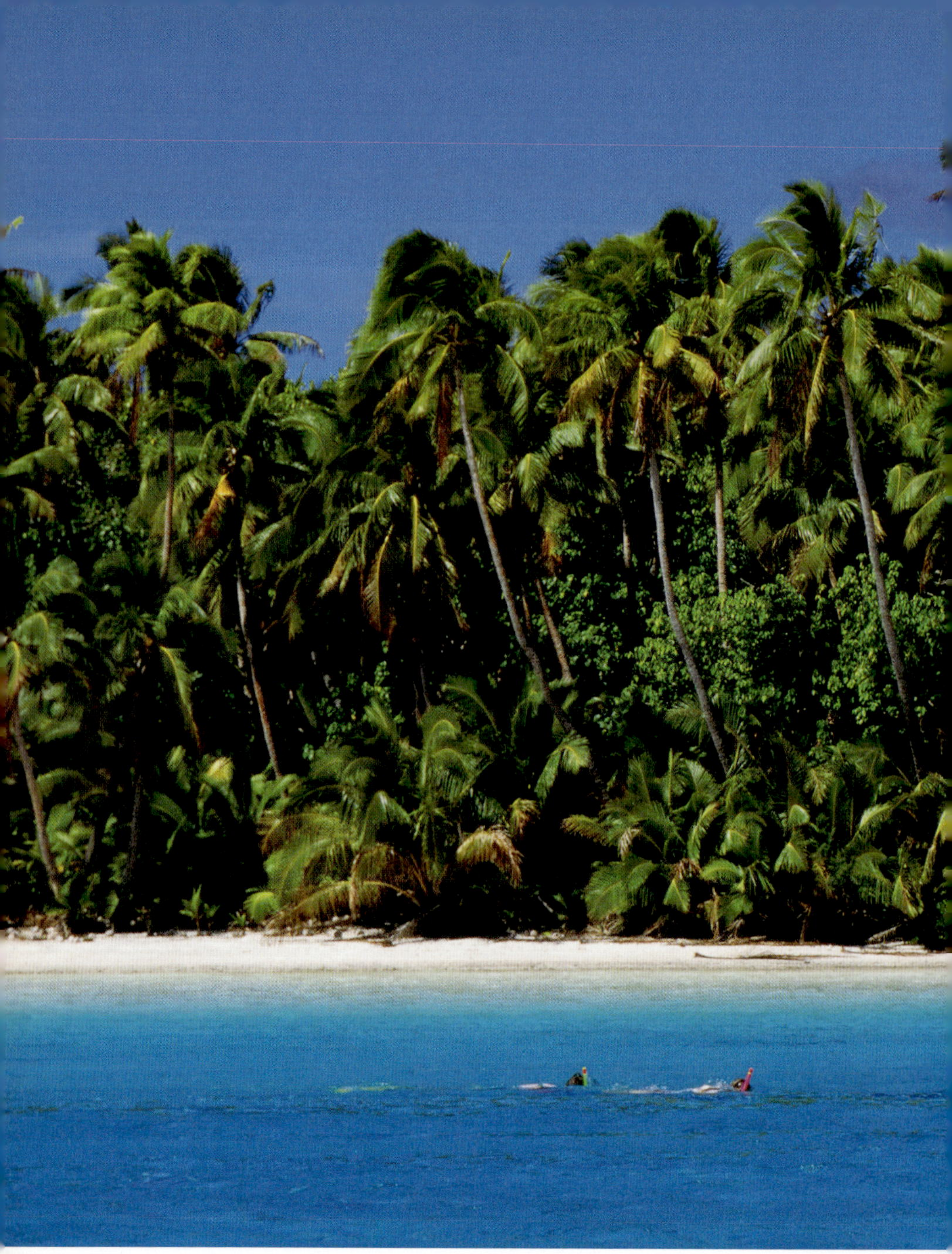

青い海に浮かぶ
緑の楽園

クック諸島
世界最大の森林面積比率。ニュージーランド自治領。国土の95%以上を森林が占める。海に浮かぶ緑の楽園。

人を拒む
苛酷な環境

デヴォン島
世界最大の無人島。カナダ。面積約5万5,000km²。北極圏にあり、寒冷で、棲息する動物は少ない。

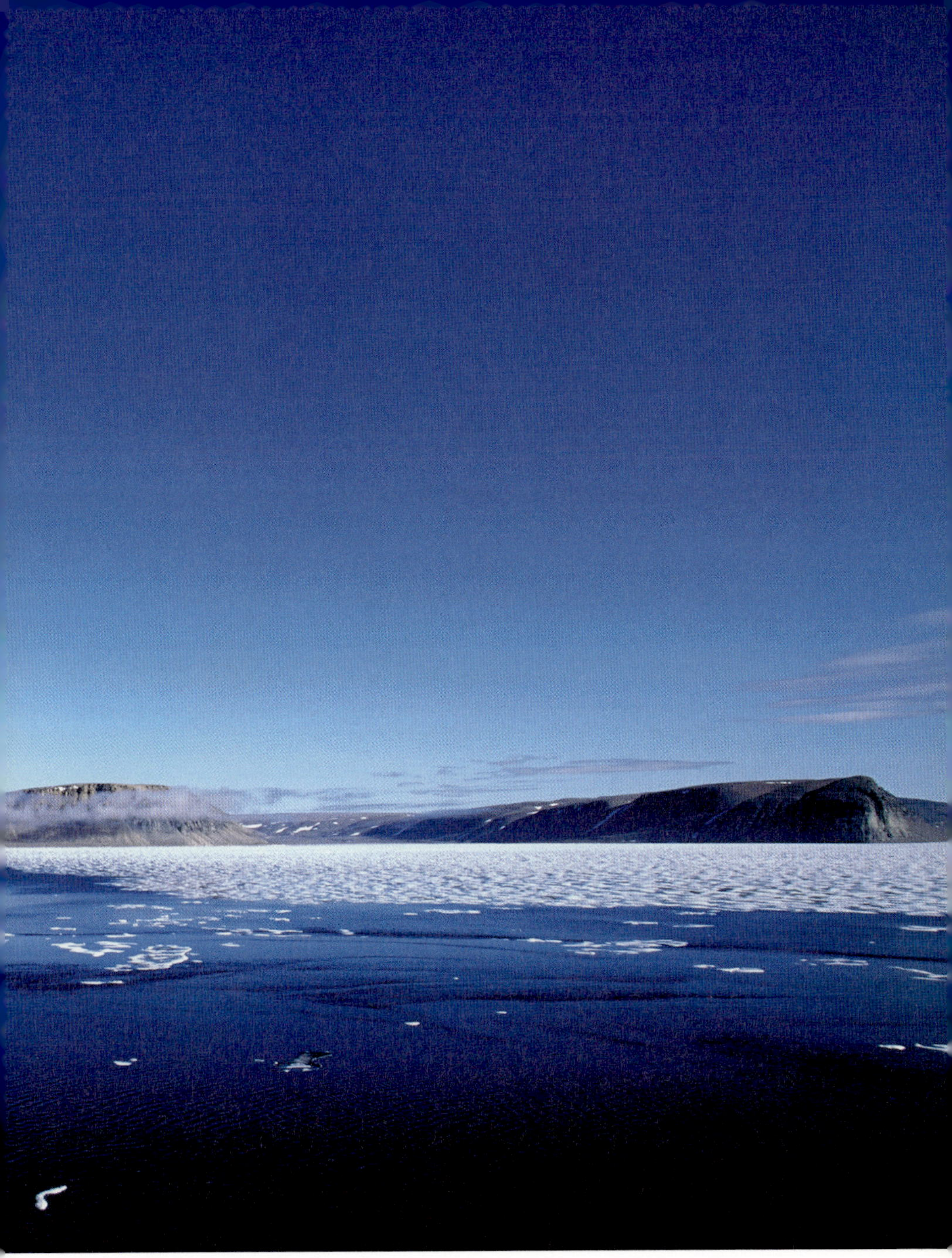

探検家が追い求めた
ナイルの源流

ヴィクトリア湖
世界最大の熱帯湖。ケニア、タンザニア、ウガンダ。面積6万8,000km²。19世紀の探検家たちが追い求めたナイルの源流。

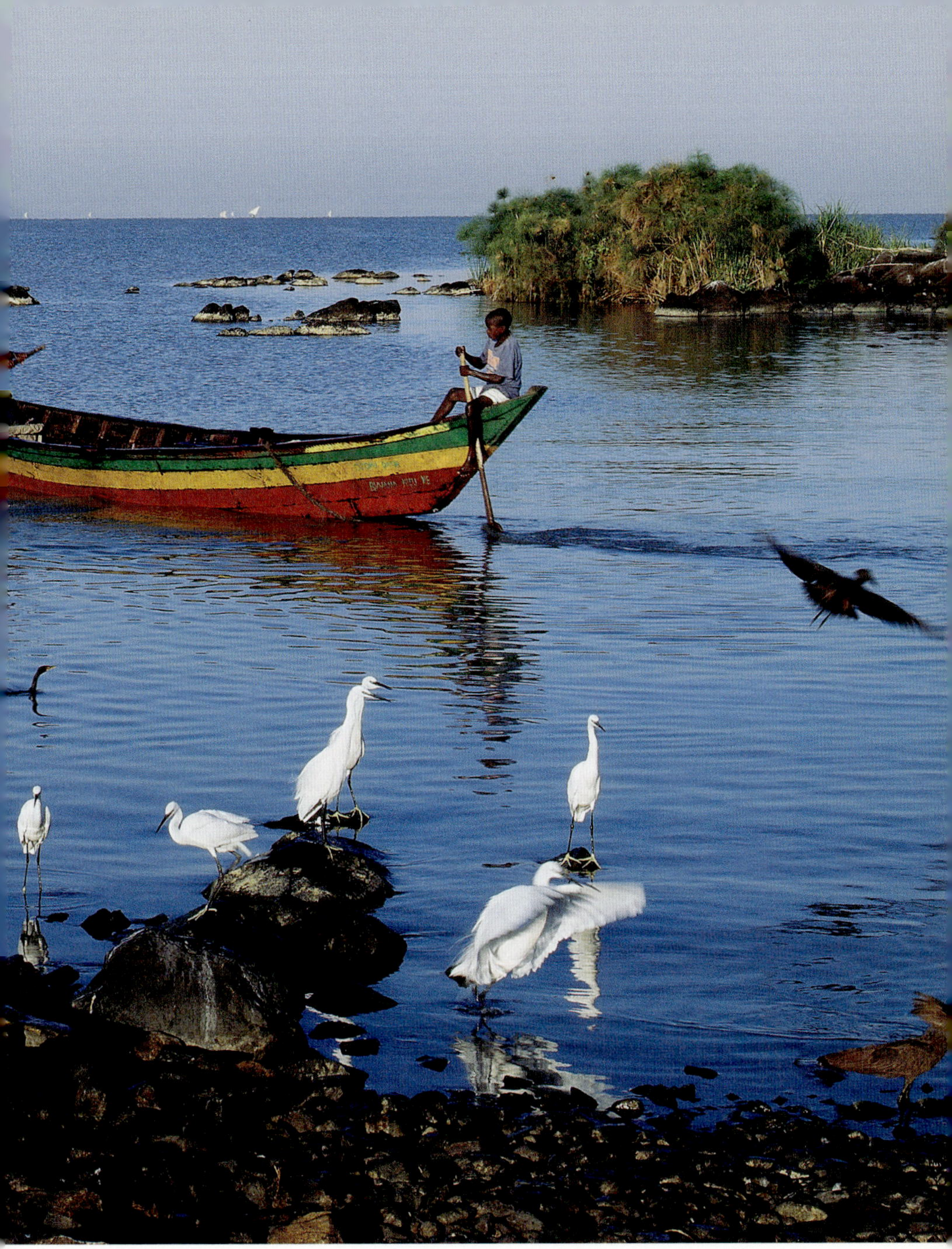

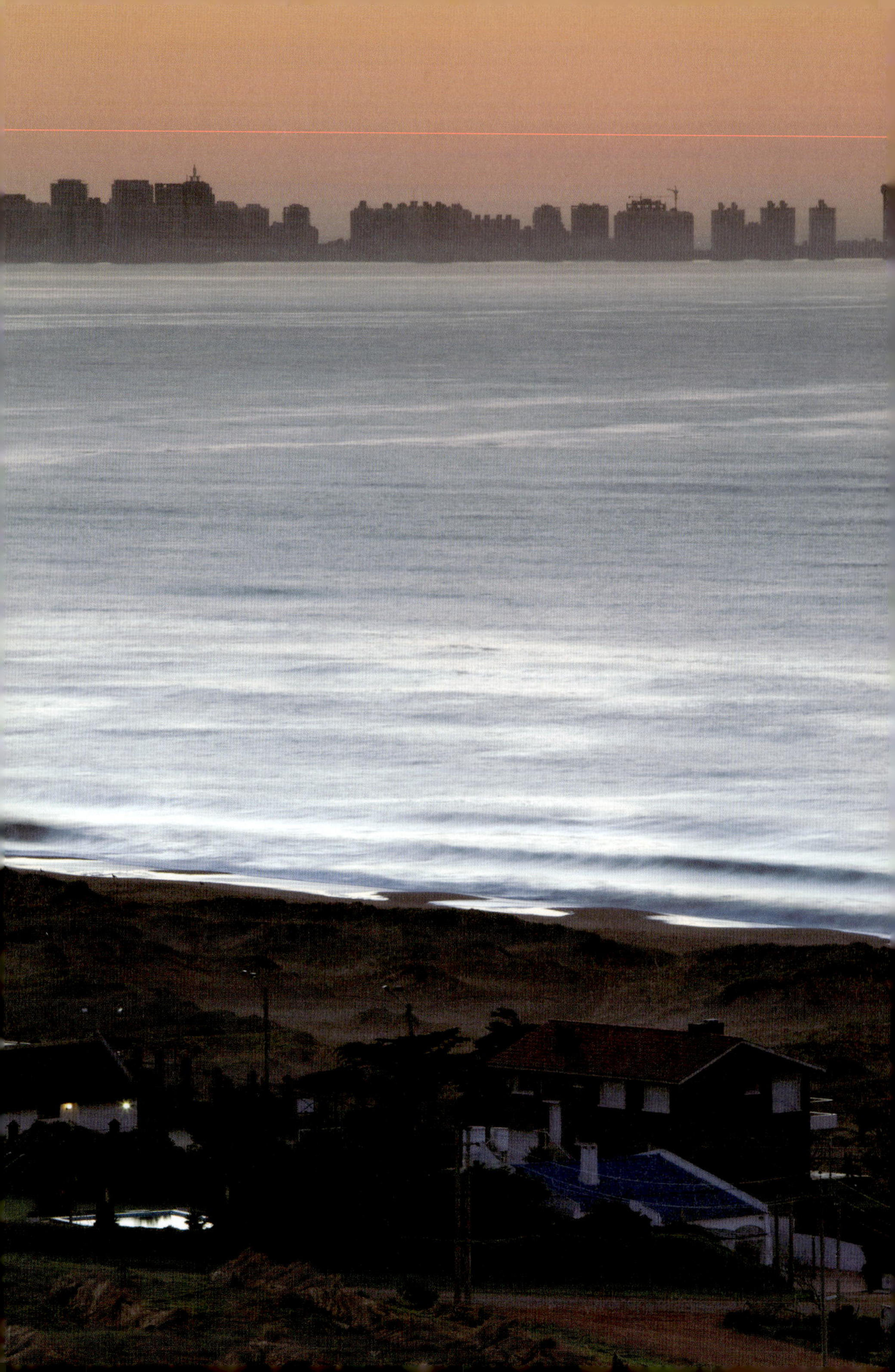

川の向こう岸は
水平線のかなた

ラプラタ川
世界最大の川幅の川。アルゼンチン、ウルグアイ。大西洋に注ぐ河口部の川幅は、約275kmにも達する。

第2章 世界最大
建造物編

営々と掘り続けられた地下都市

カッパドキア
世界最大の地下都市。トルコ。3世紀半ばからキリスト教徒が岩を掘って町を造った。地下8階の地下都市。

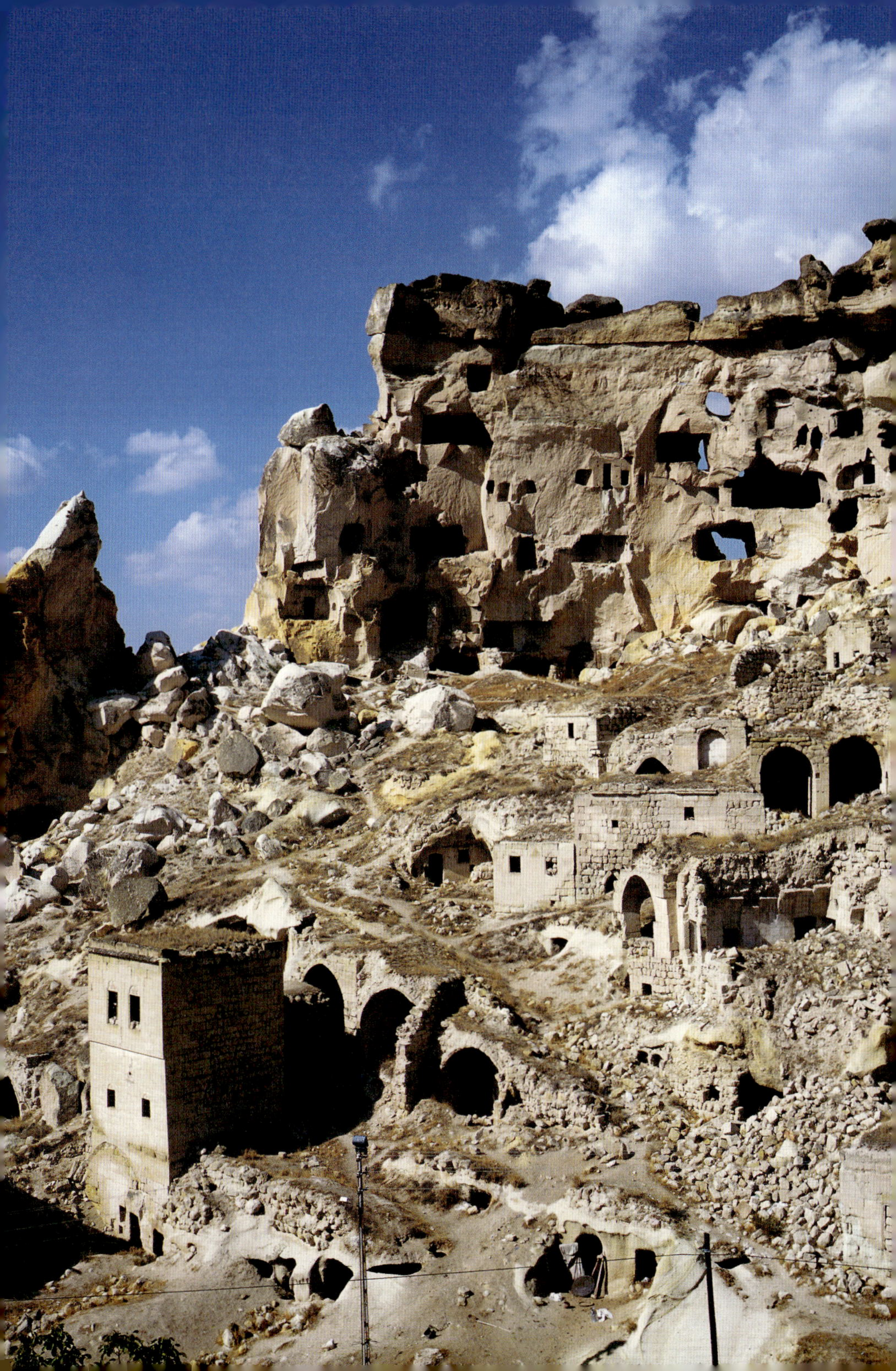

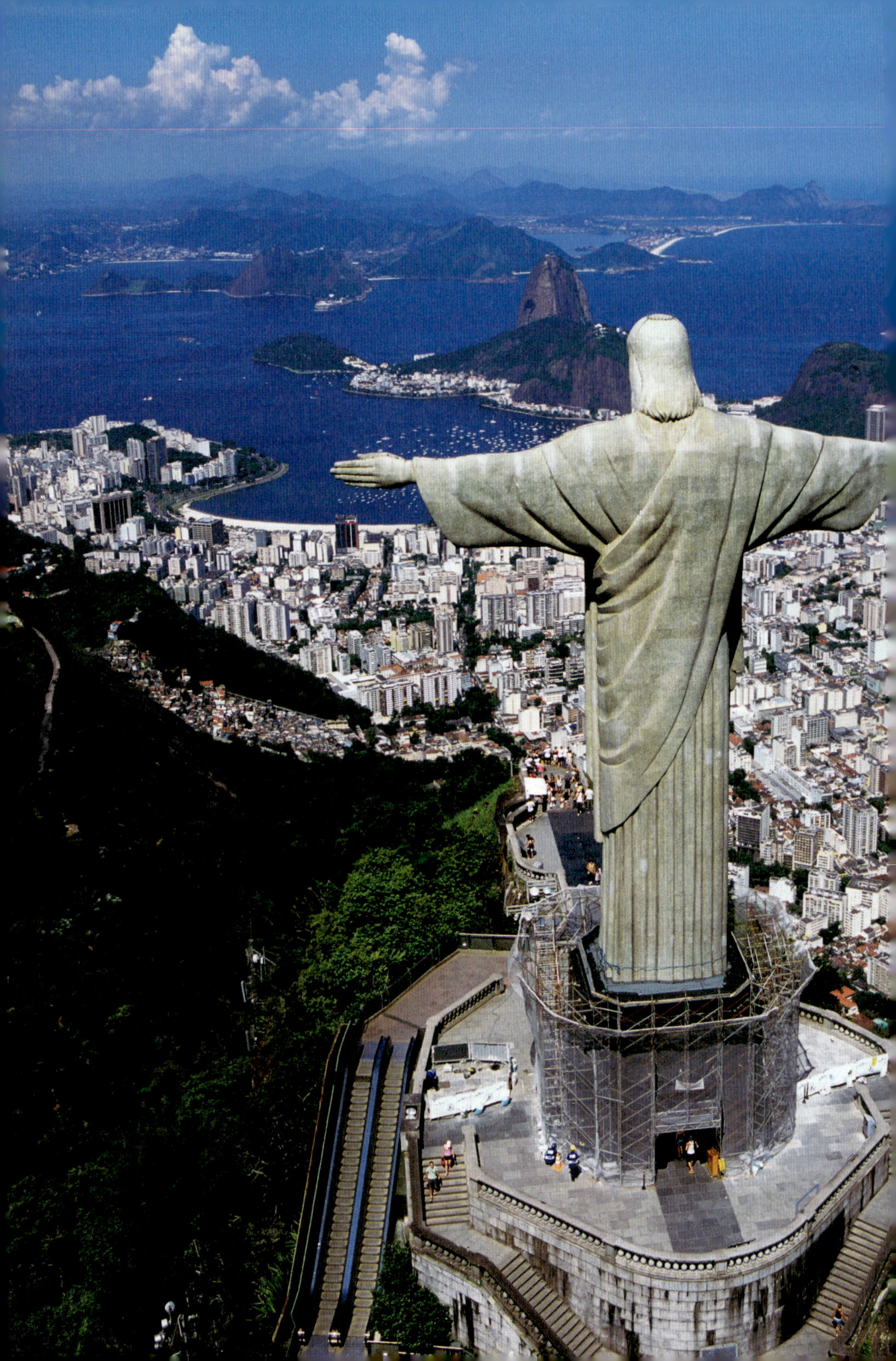

すべてを見渡す
キリスト像

コルコヴァードのキリスト
世界最大のキリスト像。ブラジル。リオデジャネイロの町並みを抱くようにして立つ、高さ39.6mのキリスト像。

プラハ城

世界最大の古城。チェコ。9世紀後半から建造がはじまり、改修を繰り返していまの姿となる。

ボヘミア王たちの栄華の証し

ファラオが眠る
エジプト最大の謎

ギザの大ピラミッド
世界最大のピラミッド。エジプト。紀元前2580年頃、クフ王によって建造された。当初の高さは146m。

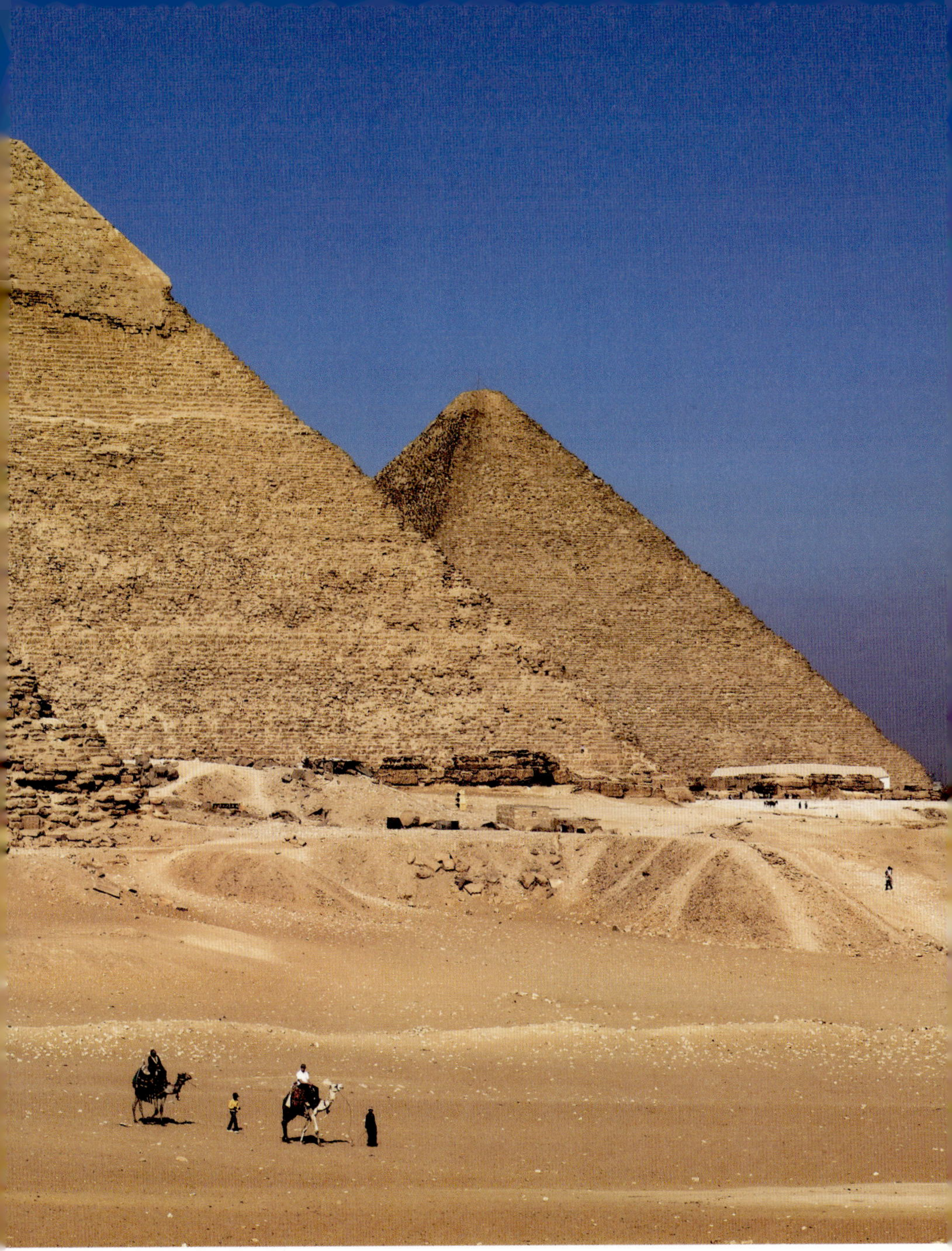

バロック建築の絢爛たる宮殿庭園

ヴェルサイユ宮殿の庭園
世界最大の庭園。フランス。ルイ14世が愛した広大な噴水庭園。面積は、1km²。幾何学模様の花壇が並ぶ。

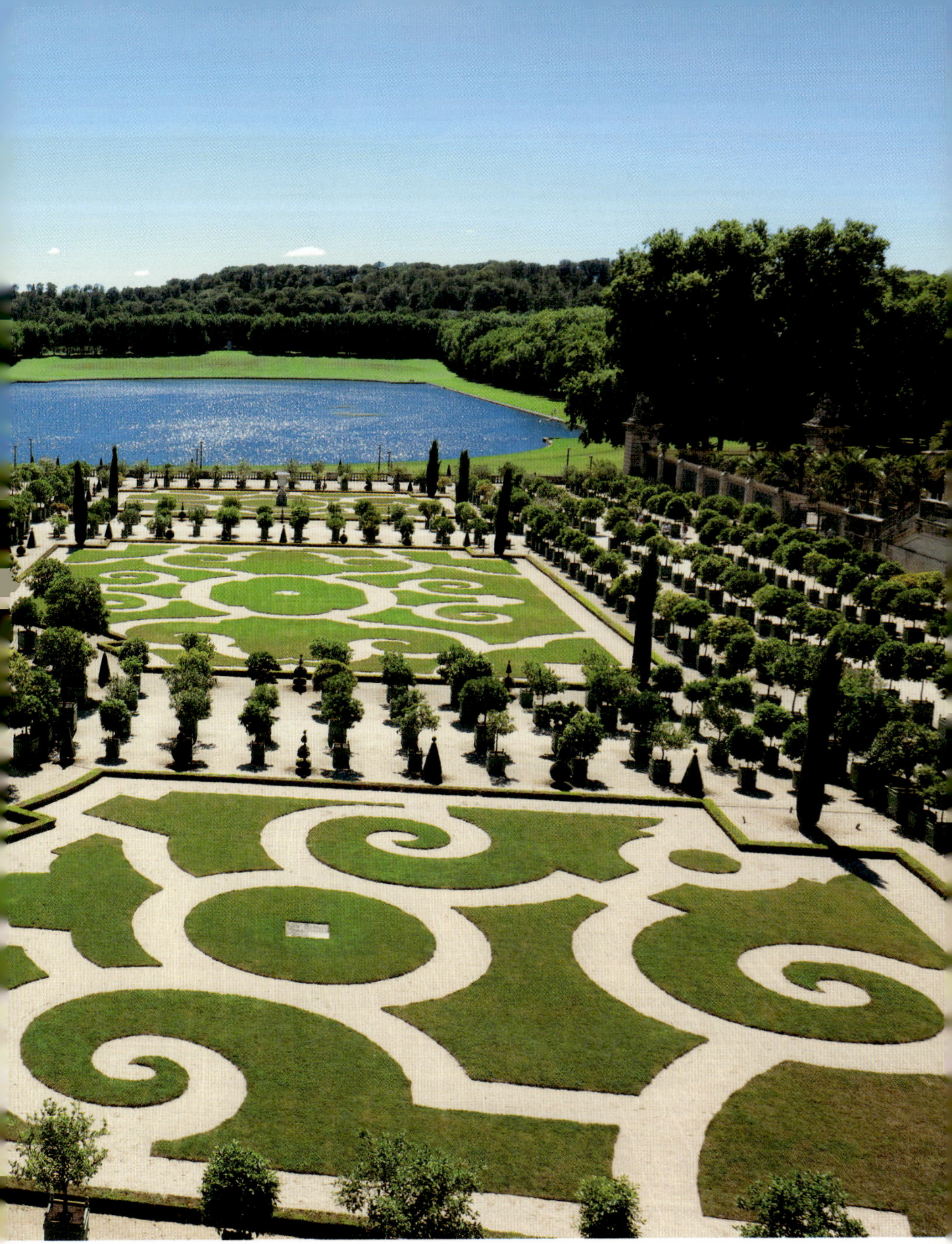

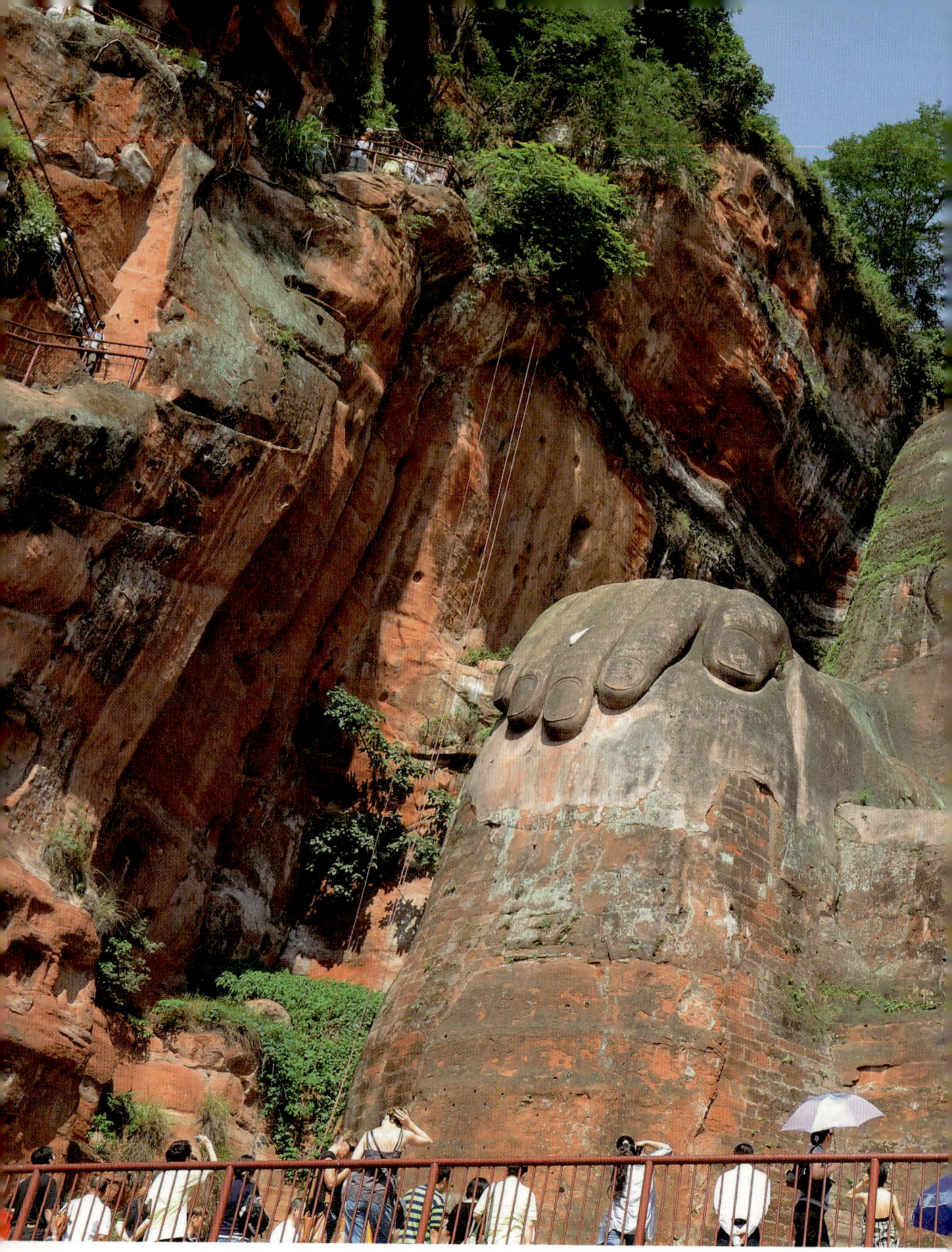

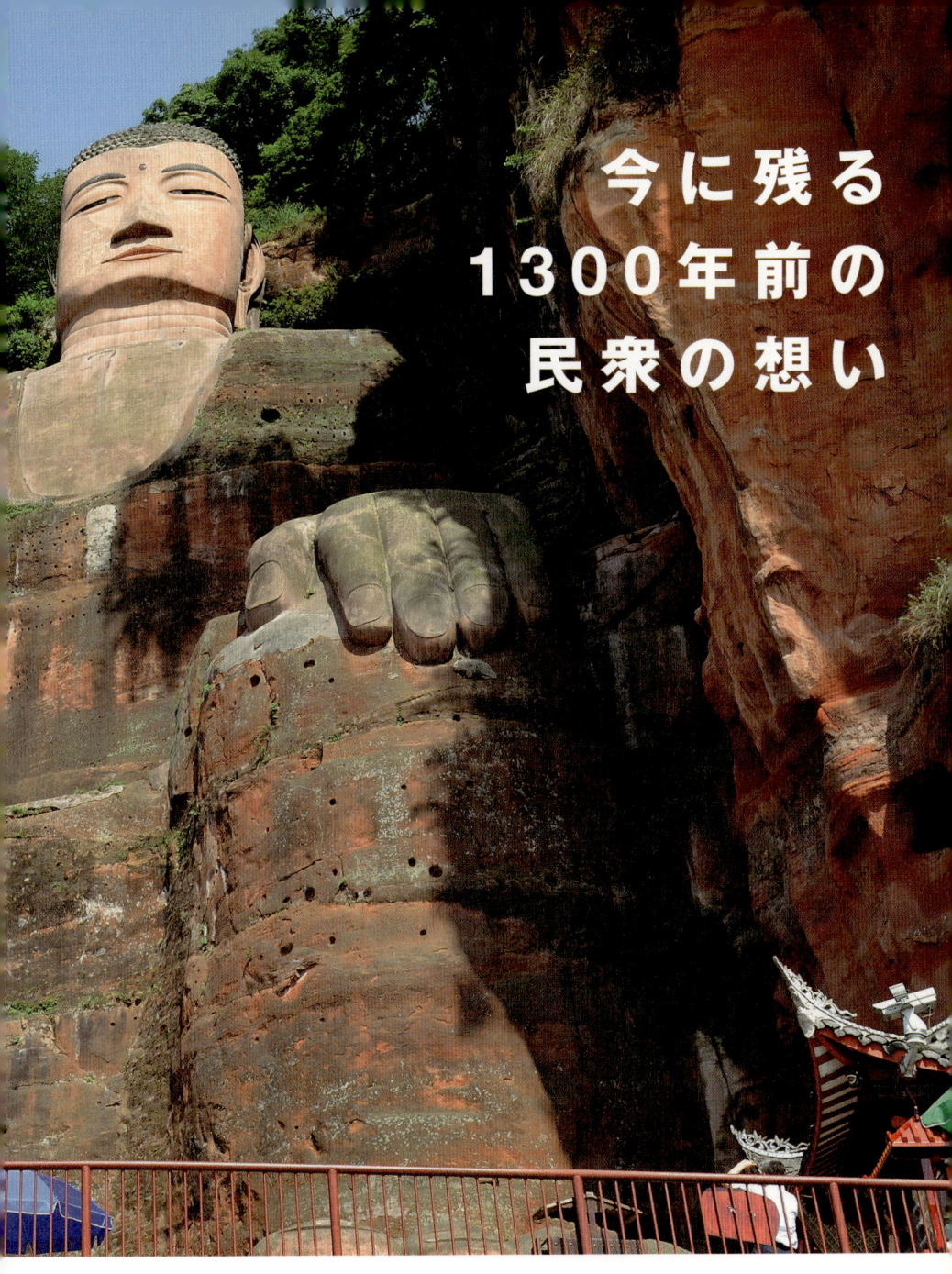

今に残る
1300年前の
民衆の想い

楽山大仏
世界最大の近代以前の大仏。中国。1300年前に造られた、長江支流の断崖に座す高さ71mの大仏。

国家の威信を賭けた一大建造物

北京国家体育場
世界最大の鉄筋建造物。中国。愛称、鳥の巣。北京オリンピックのメインスタジアム。床面積約26万㎡。

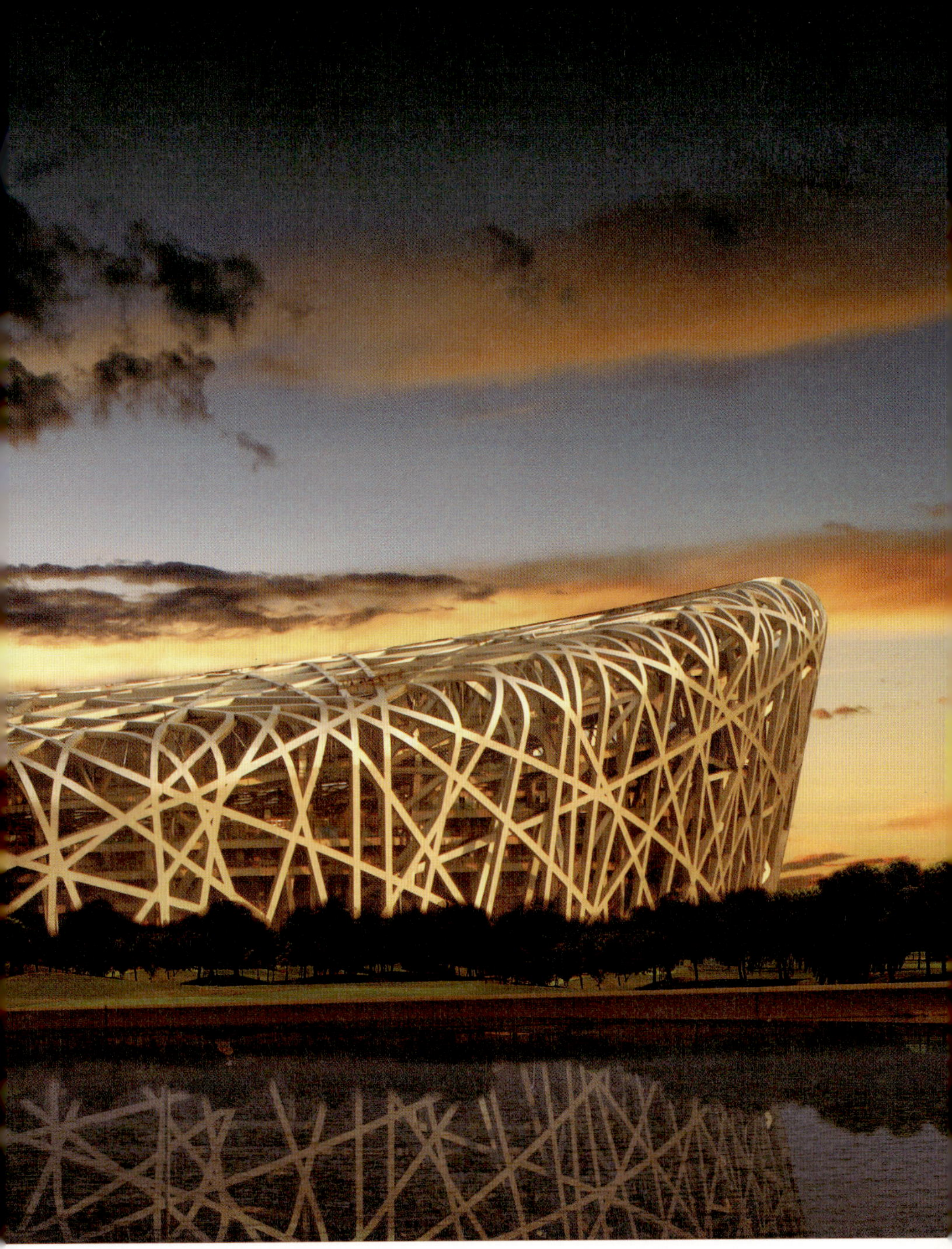

桁外れの
電気を生み出す
巨大なダム

イタイプダム
世界最大の発電容量のダム。ブラジル、パラグアイ。建築費270億ドル。地上で最も高価な建造物でもある。

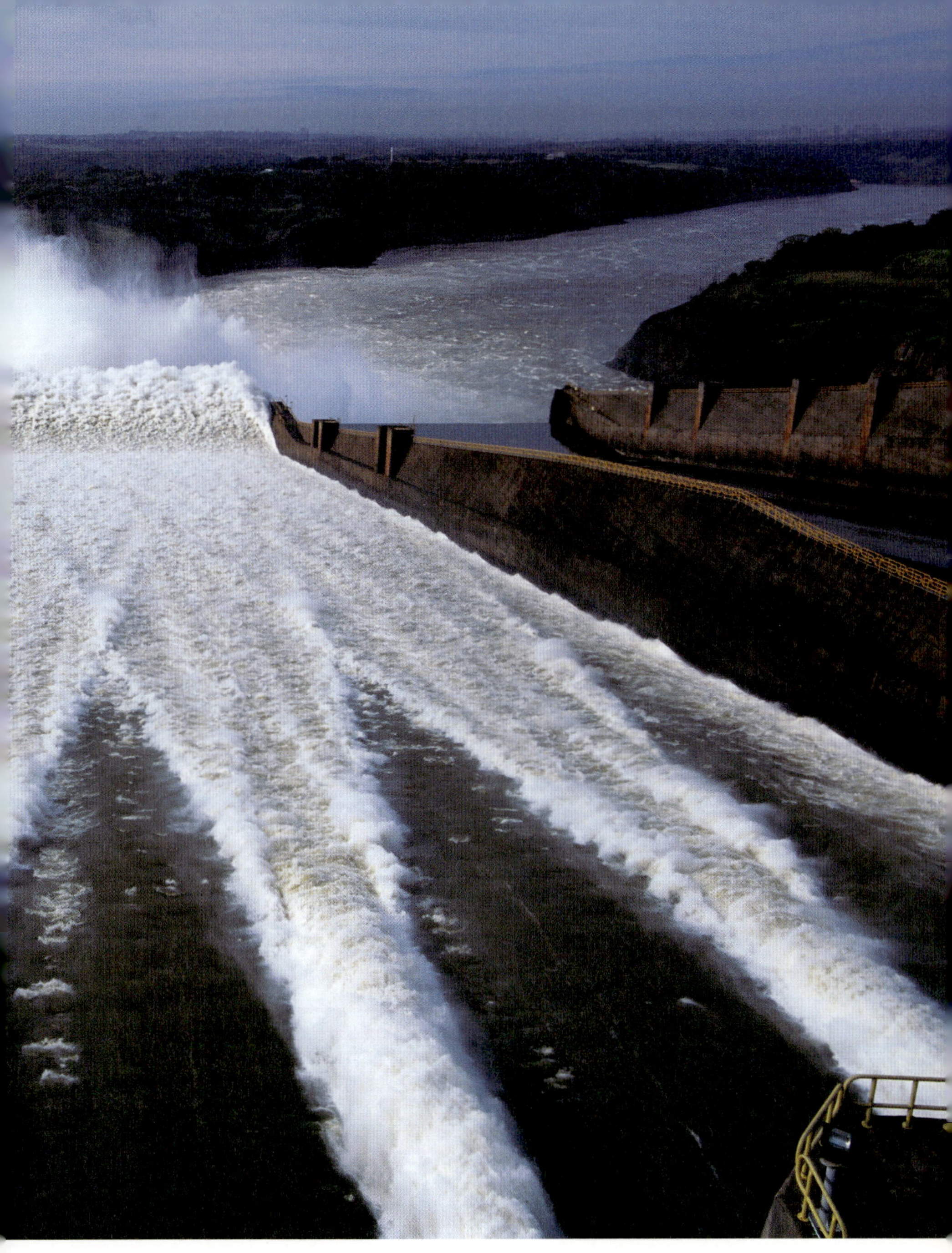

一万を超える彫刻で
飾られた聖なる寺院

ボロブドゥール

世界最大の仏教遺跡。インドネシア。約1万5,000㎡。
7〜8世紀の彫刻で飾られた寺院。17世紀に発見されるまで密林に埋もれていた。

73

朱と瑠璃の宮殿が伝える、中国皇帝の権勢

紫禁城
世界最大の皇宮。中国。北京にある明、清時代の宮城。面積約72万㎡。現在は故宮博物院になっている。

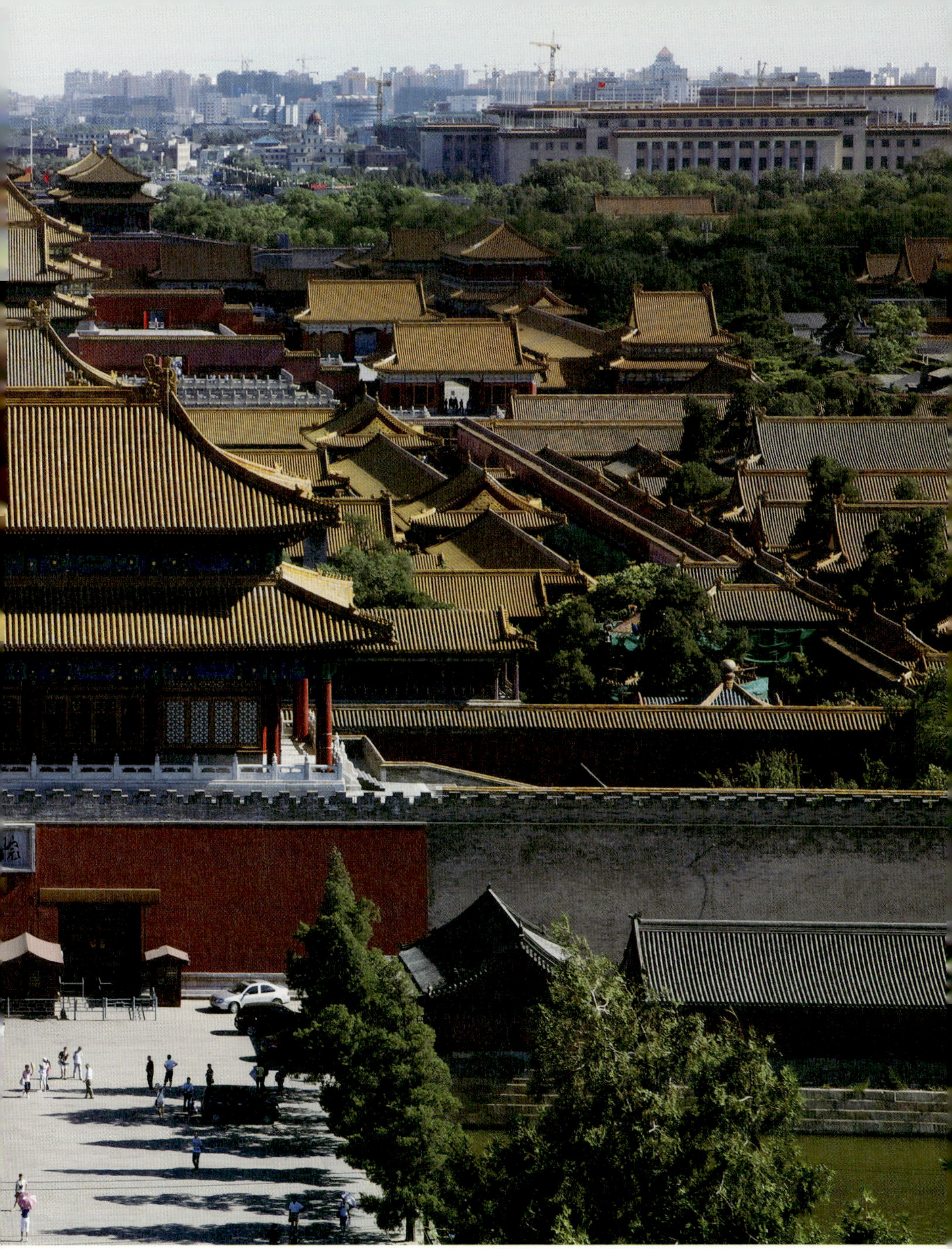

富を象徴する
光と水の
モニュメント

富の噴水
世界最大の噴水。シンガポール。風水では水の流れがお金をもたらすという。水と光のモニュメント。

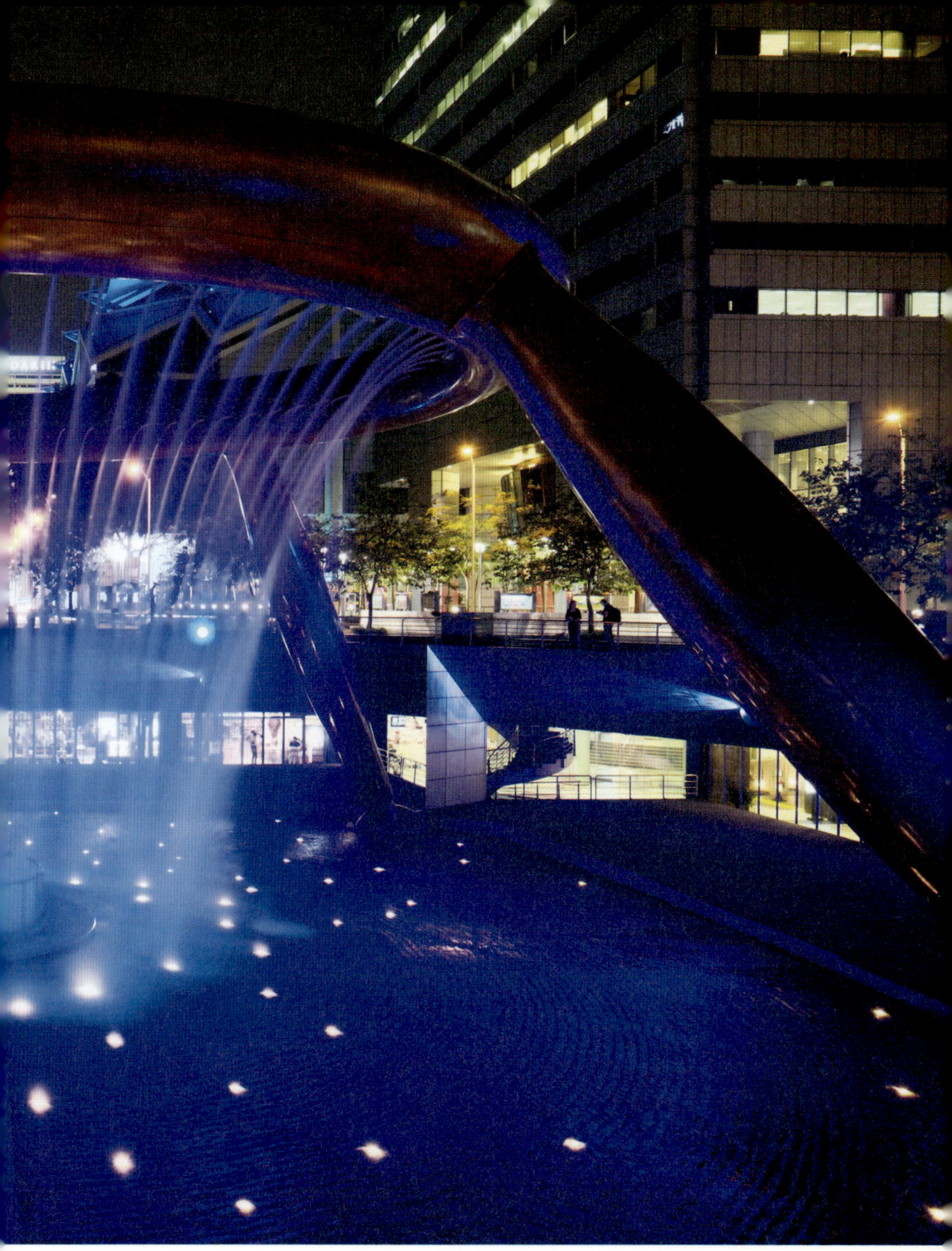

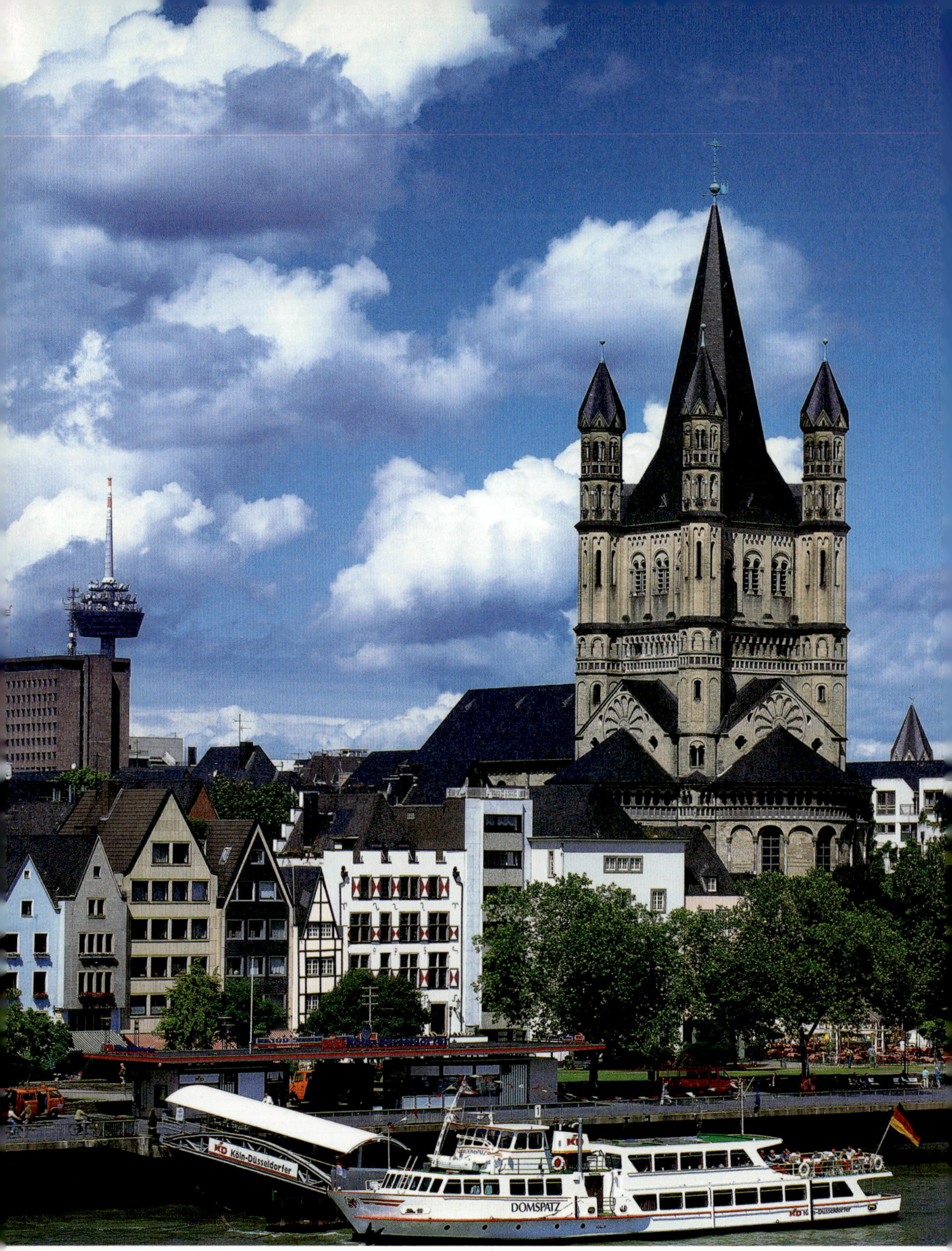
KD Köln-Düsseldorfer
DOMSPATZ

神に近づこうとした最大のゴシック建築

ケルン大聖堂
世界最大のゴシック様式の建物。ドイツ。塔の高さは157m。聖堂内に1万㎡のステンドグラスがある。

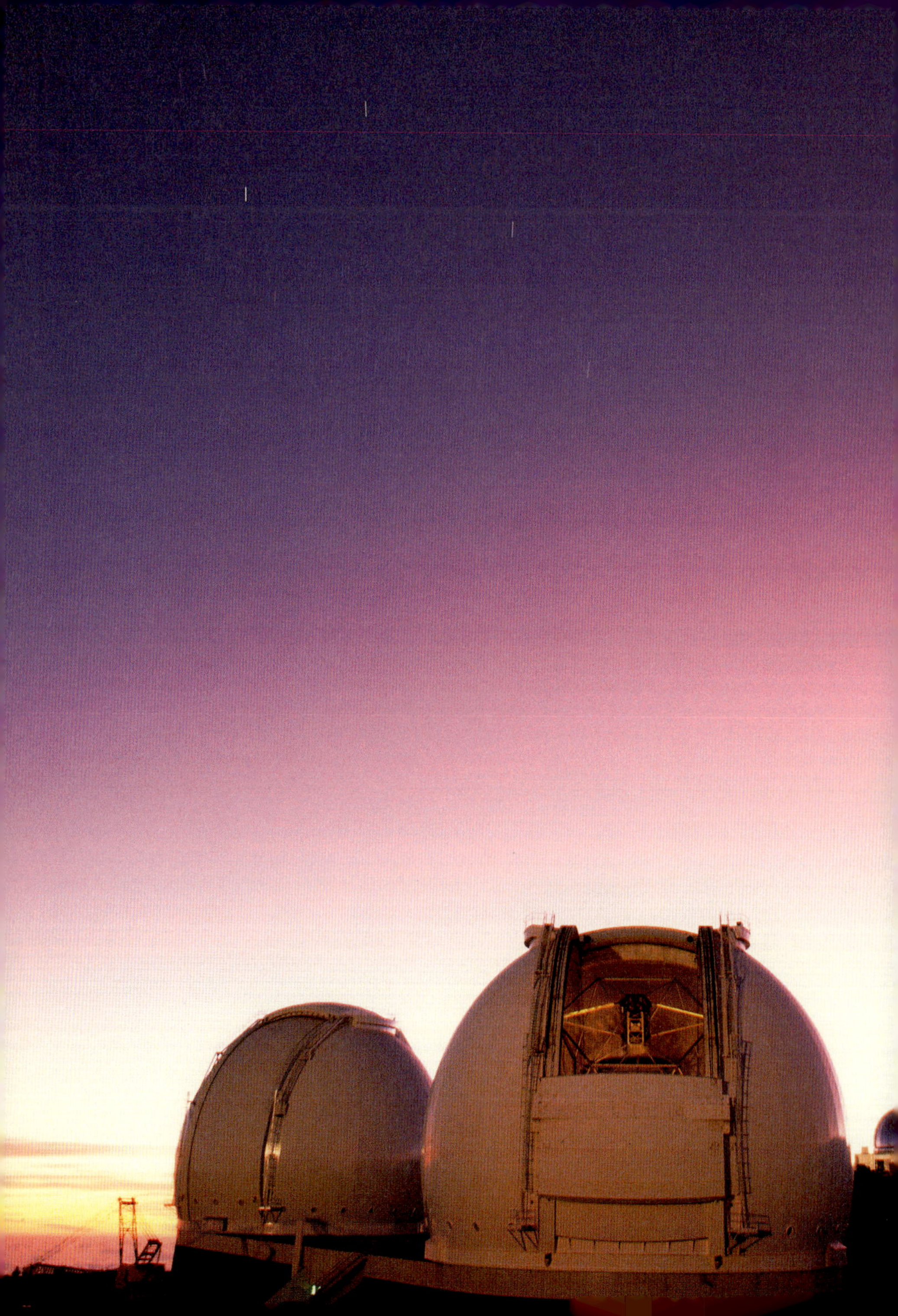

宇宙に
もっとも
近い場所

ケック望遠鏡
世界最大の光学・赤外線望遠鏡。アメリカ。1954年、マウナケア山山頂に造られた「宇宙に最も近い場所」。

新世紀を記念して
建てられた巨大ドーム

The O2
世界最大の単一屋根の建物。イギリス。
単一の屋根を持つ建造物としては世界最
大。現在は複合施設となっている。

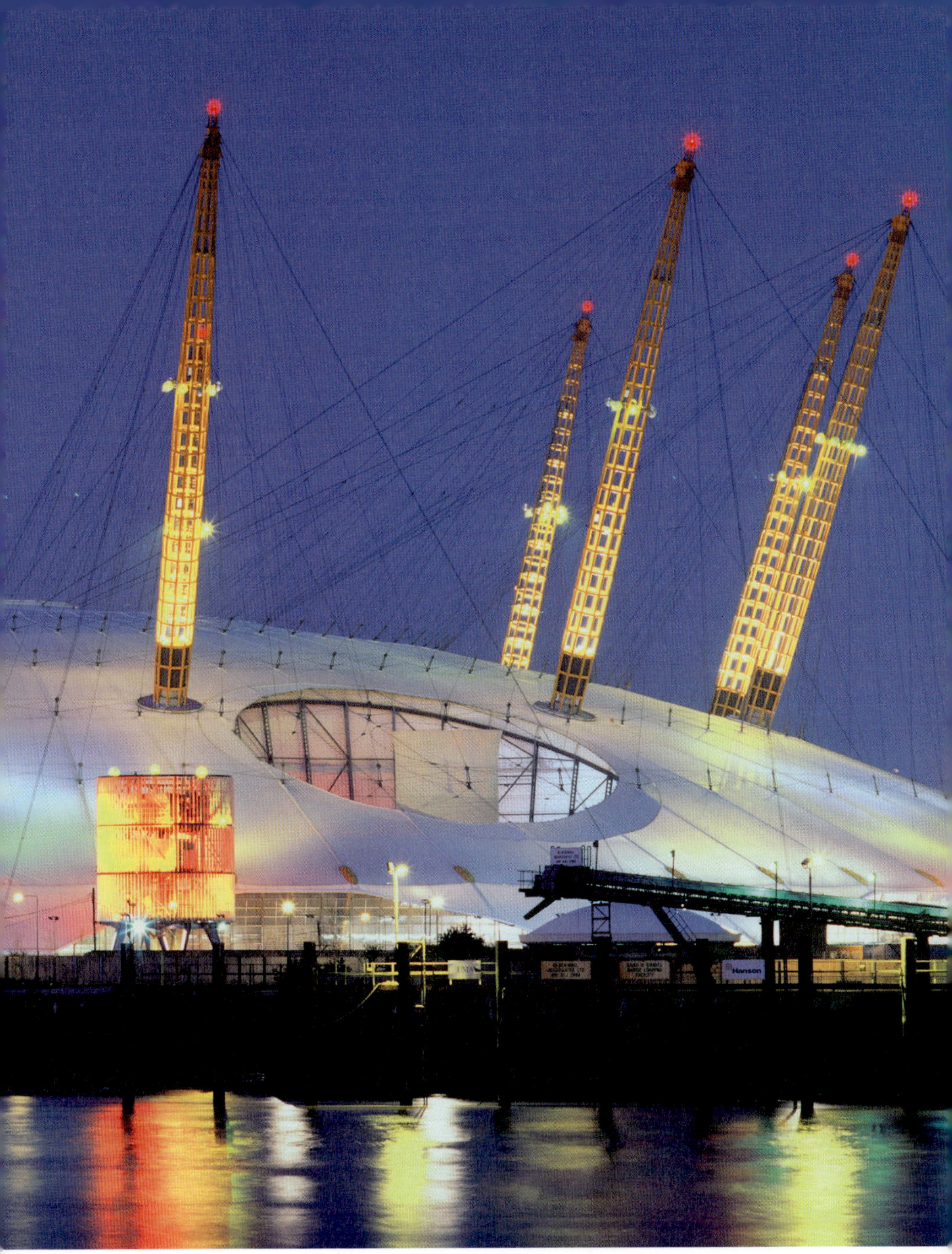
Hanson

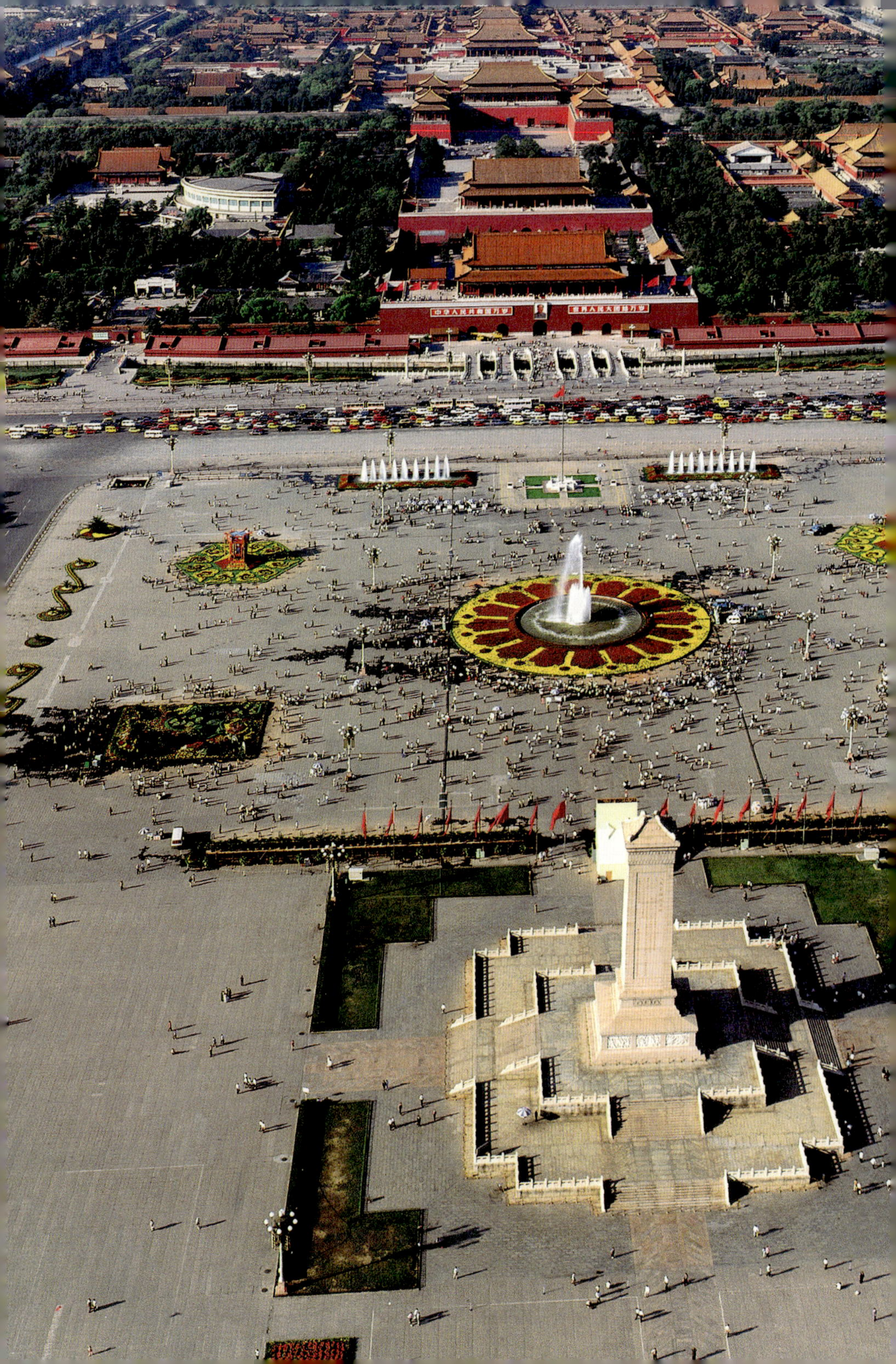

毛沢東が見下ろす建国宣言の地

天安門広場
世界最大の広場。中国。総面積44万㎡の広場。1949年、毛沢東がここで中華人民共和国建国を宣言した。

ビルバオ・グッゲンハイム美術館
世界最大の展示空間。スペイン。全長137m。アメリカのグッゲンハイム財団が設立した美術館のひとつ。

個人コレクション
から出発した
世界最大の美術館

第3章
世界最長

88

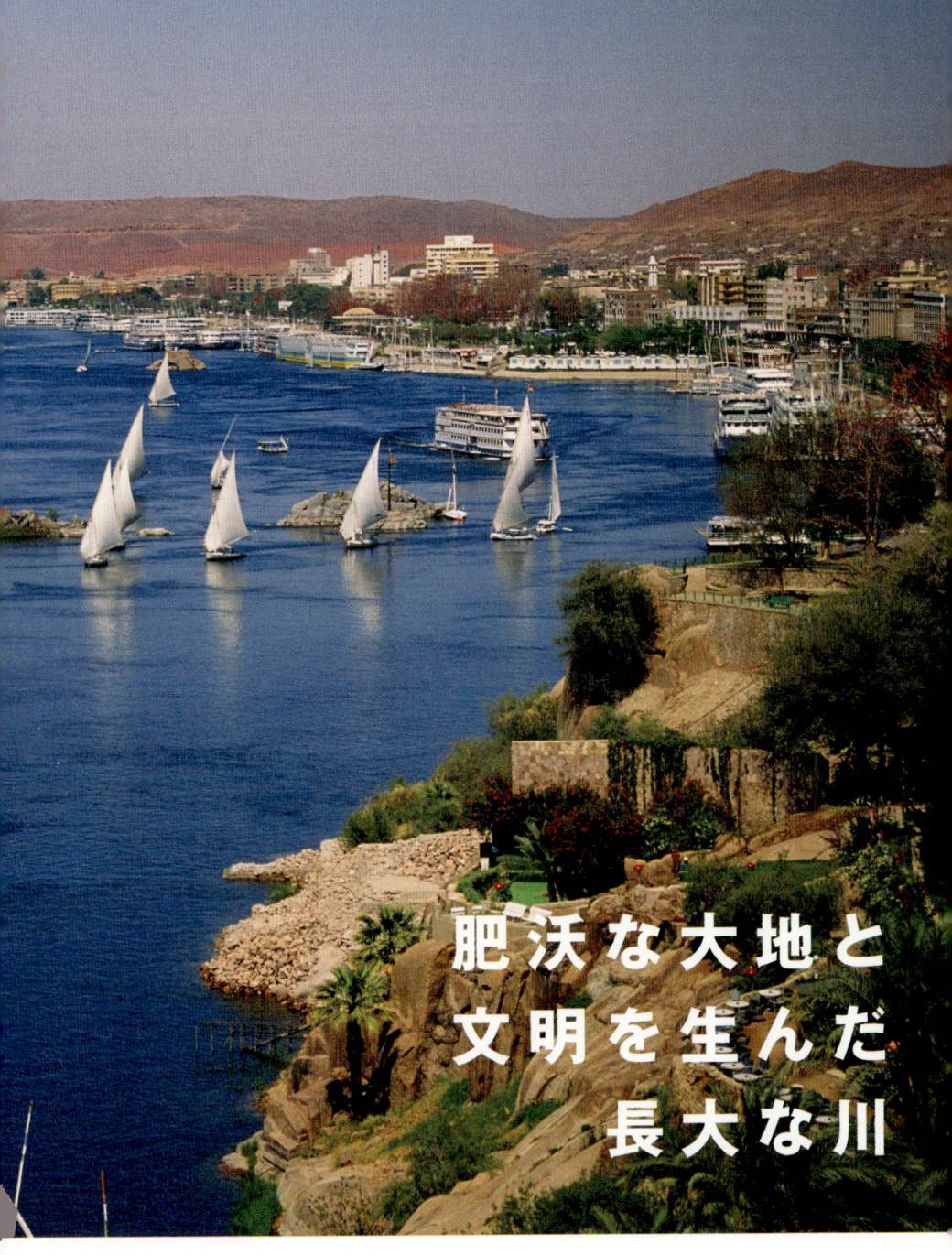

肥沃な大地と文明を生んだ長大な川

ナイル川
世界最長の川。エジプトなど。長さ6,690km。アフリカ大陸北東部を流れ地中海に注ぐ。流域は肥沃な農業地帯。

人類史上、空前絶後の建造物

万里の長城
世界最長の建造物。中国。総長8,852km。現存の部分だけで2,400km。歴代王朝が北方防衛のために築いた。

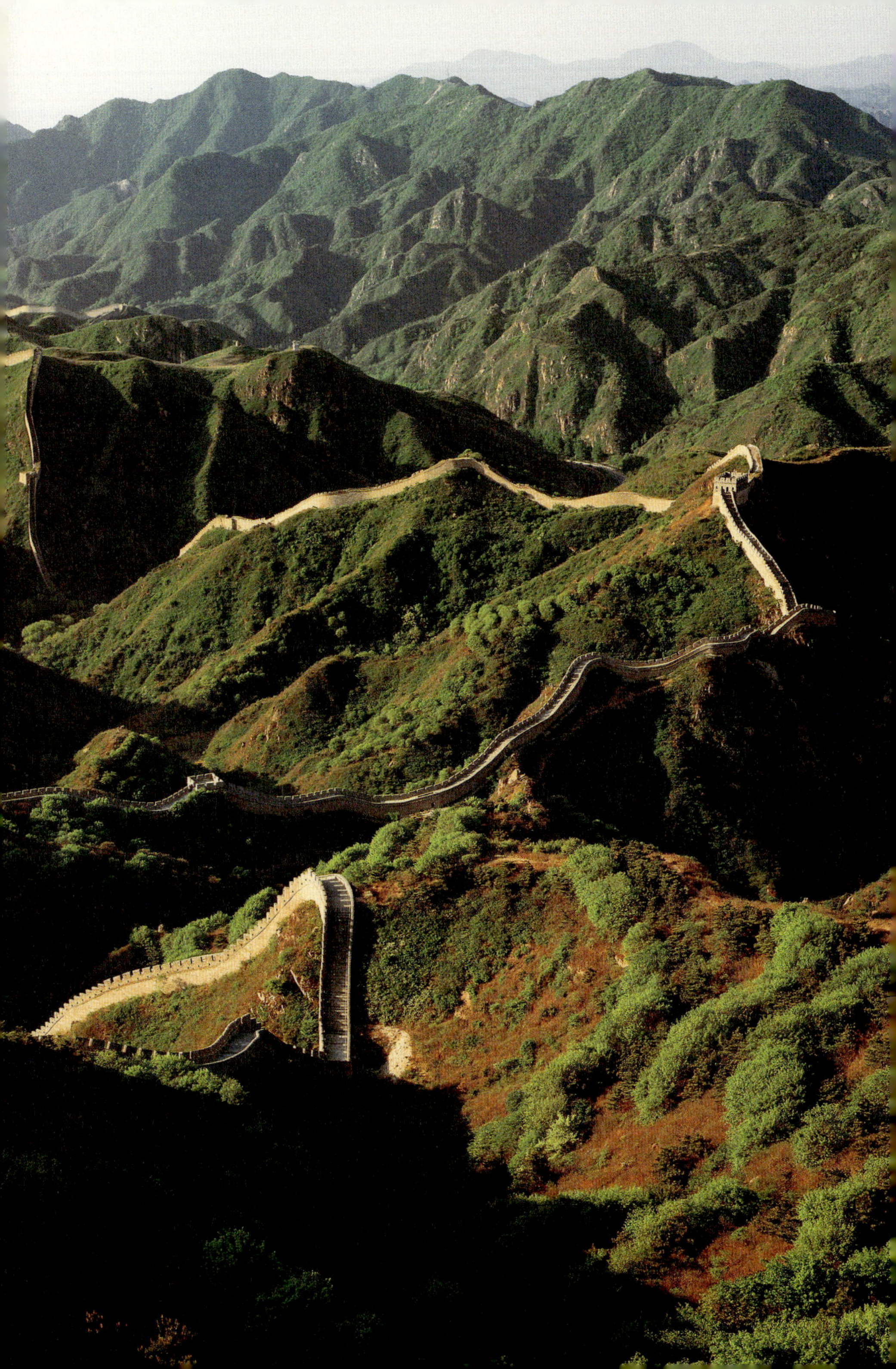

南米大陸を貫く峻険な山々

アンデス山脈

世界最長の山脈。ペルーなど。南アメリカ大陸を南北に走る。全長7,600km。最高峰は6,959mのアコンカグア。

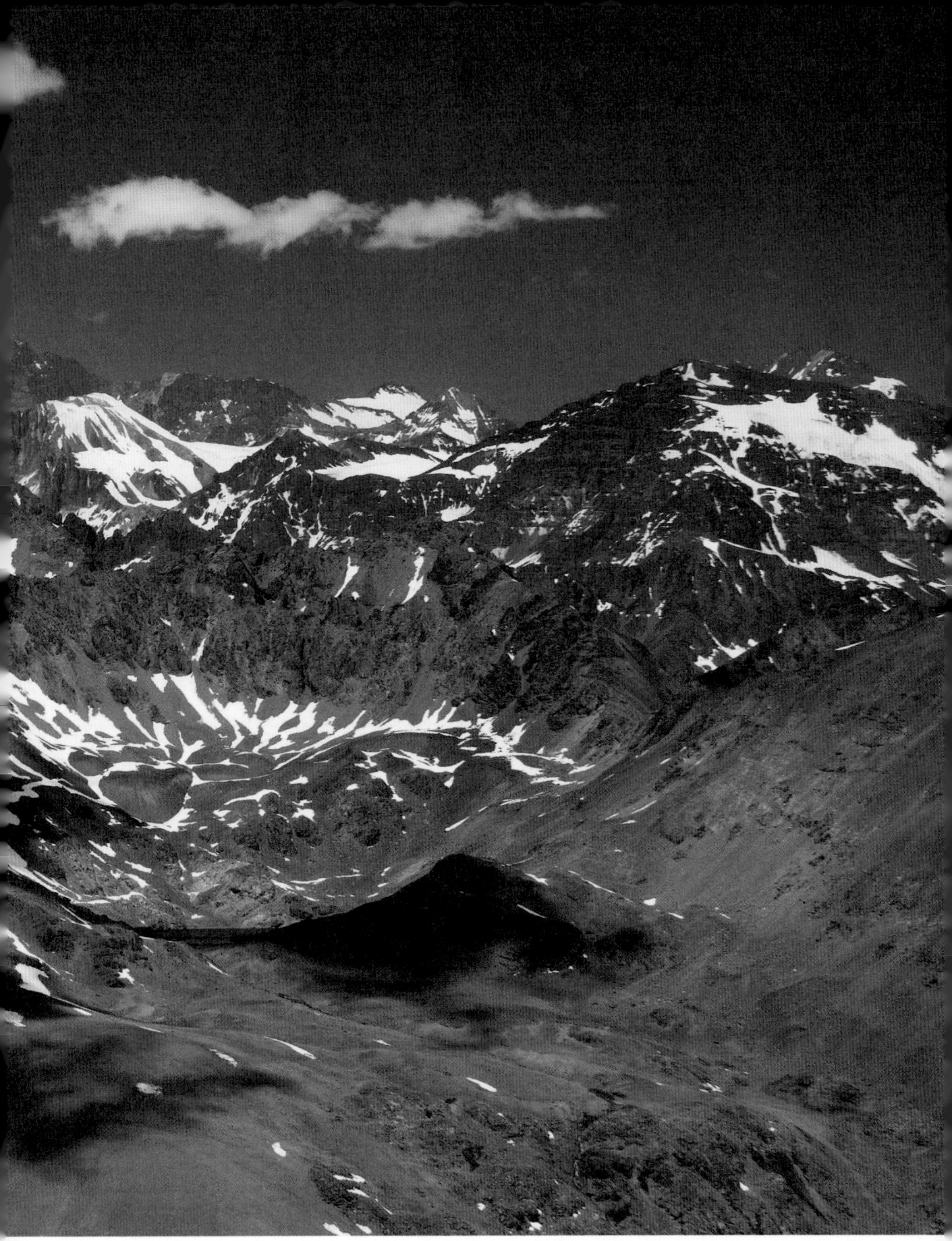

美しきさんご礁、
熱帯魚の楽園

グレート・バリア・リーフ
世界最長の珊瑚礁。オーストラリア。全長2,300km。絶滅危惧種が数多く棲息する「生命の安住の地」。

ヨーロッパと
極東を結ぶ
大陸横断鉄道

シベリア鉄道

世界最長の鉄道。ロシアなど。ヨーロッパと極東を結ぶ全長9,000キロを超えるユーラシア大陸横断鉄道。

アラブの富が
砂漠に築いた水の都

ドバイ・ファウンテン
世界最長の噴水。アラブ首長国連邦のドバイ。長さ275m、高さは150mに達する噴水。2009年にオープン。

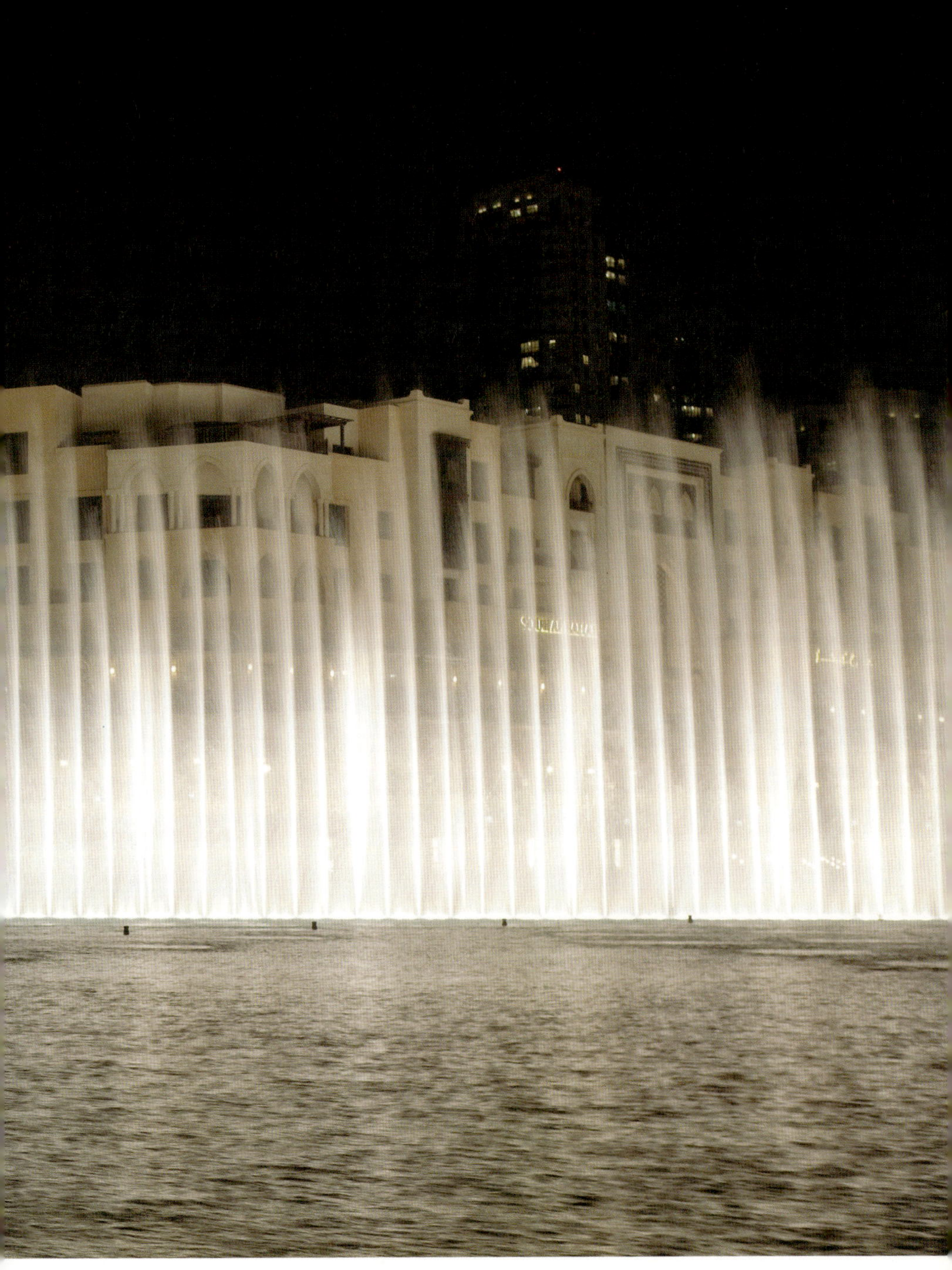

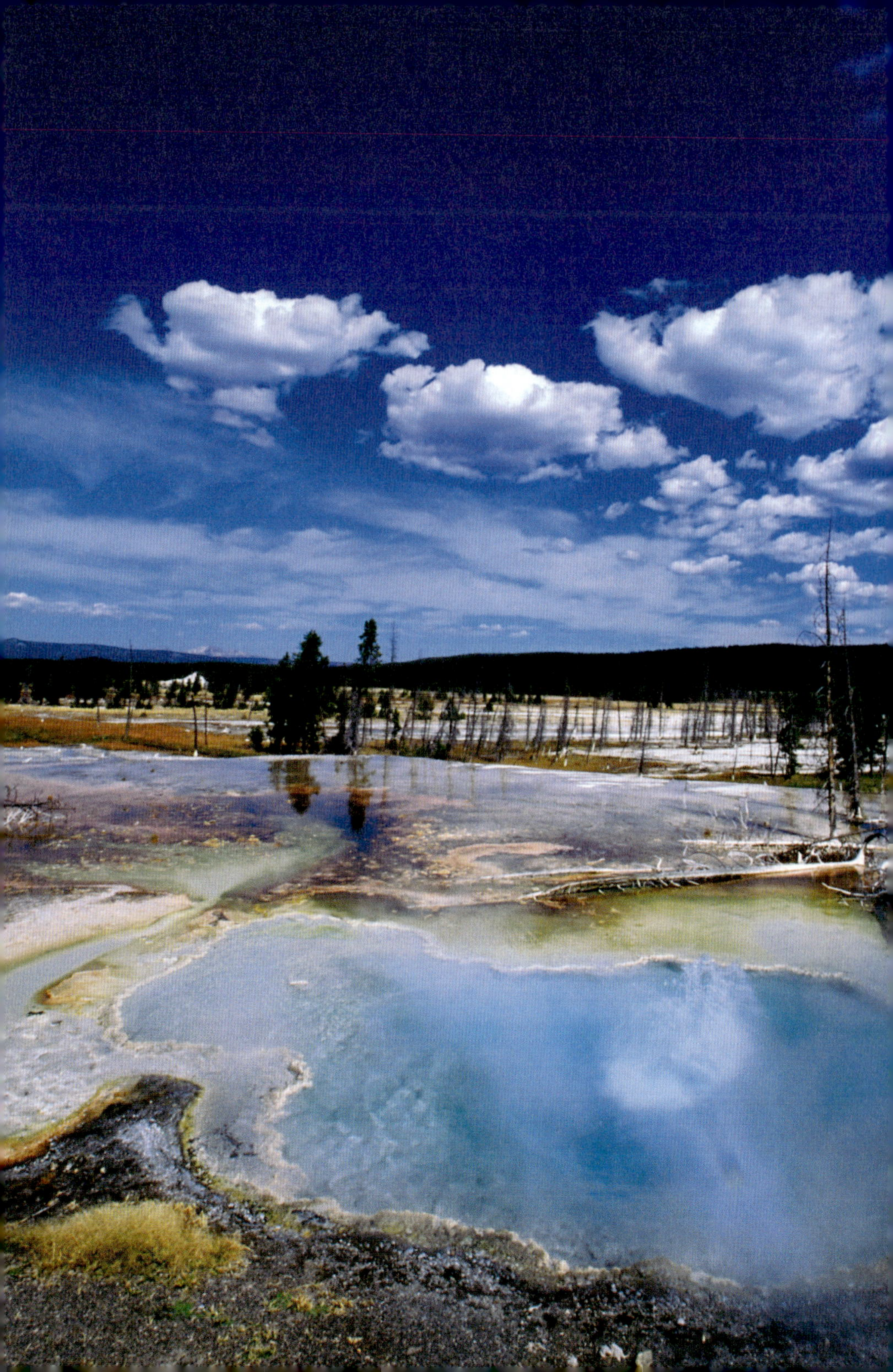

第4章 世界最古

世界で最初の国立公園

イエローストーン国立公園
世界最古の国立公園。アメリカ合衆国。1872年設立。雄大な滝や渓谷には、希少な野生動物が数多く棲息する。

ナミブ砂漠

世界最古の砂漠。ナミビア、アンゴラ。
8,000万年前に生まれ、固有の生態系を
保つ。別名「赤い砂漠」。

8000万年前に生まれた砂漠

CLEMENS·XII·PONT·MAX
ILLATIS·IN·HAS·AEDES·ANTIQVIS·STATVIS
MONVMENTISQVE
AD·BONARVM·ARTIVM·INCREMENTVM
FONTEQVE·EXORNATO
PRISTINAM·CAPITOLII·MAGNIFICENTIAM
RESTITVENDAM·CVRAVIT
A·S·MDCCXXXIIII·PONT·V

教皇の発案で
生まれた美の殿堂

カピトリーノ美術館
世界最古の一般公開された美術館。イタリア。1471年にカピトリーノの丘に建造された。

市民社会を
守り続けた
誇り高き小国

サンマリノ共和国

世界最古の共和国。イタリア半島北東部。
西暦301年に成立。ティターノ山にある
人口約3万人の国。

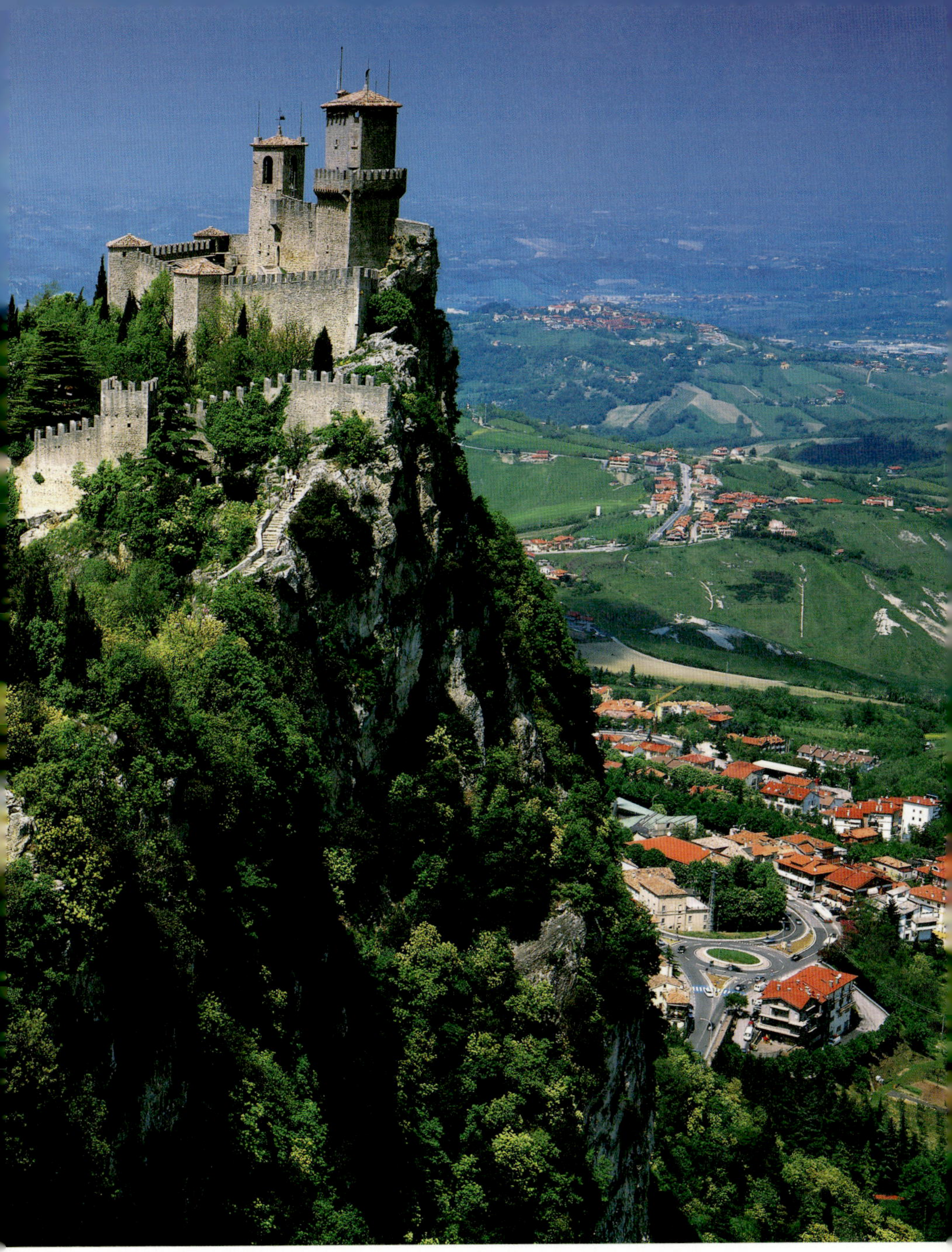

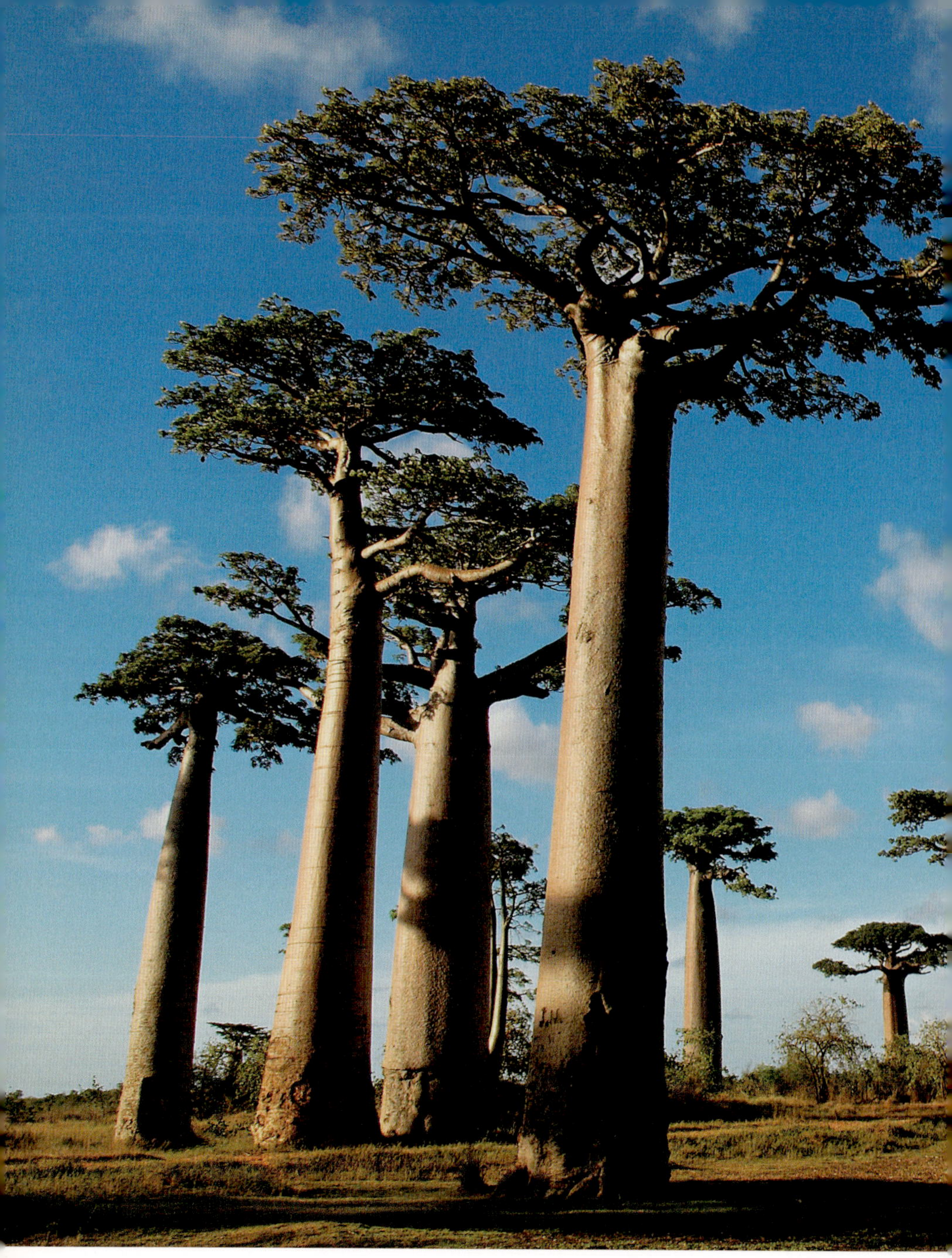

唯一無二の生態系

マダガスカル島

世界最古の島。マダガスカル。アフリカ大陸の南東、インド洋上にある、唯一無二の生態系を維持する島だ。

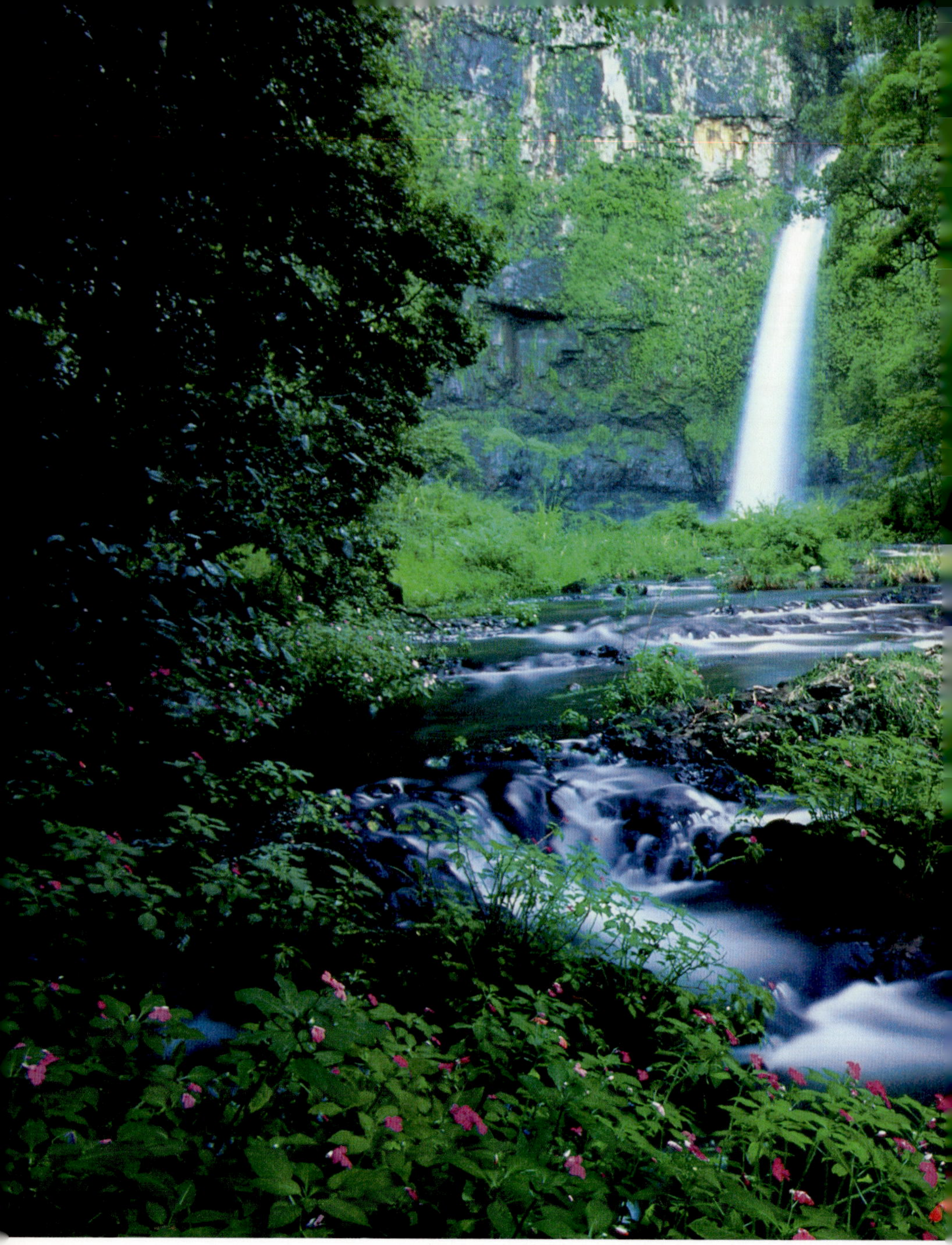

オーストラリアの
生命のゆりかご

ウェット・トロピックス
世界最古の湿潤地帯。オーストラリア。
1億3,000万年前から同じ姿を維持する。
原生植物が自生する。

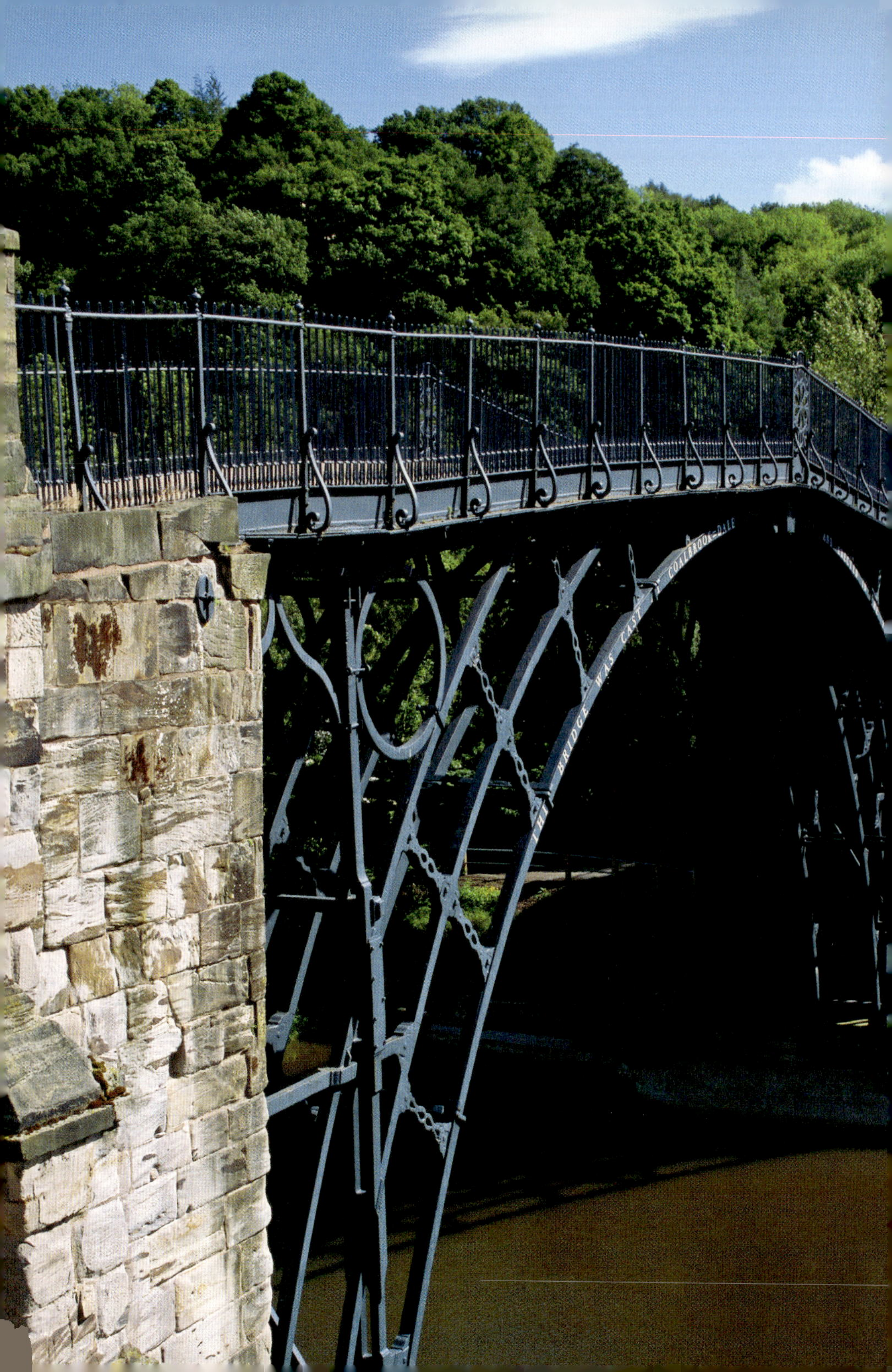

BRIDGE WAS CAST
COALBROOK-DALE

英国産業革命 の象徴

アイアンブリッジ
世界最古の鉄橋。イギリス。1779年、セヴァーン川に架けられた鋳鉄製の橋。「産業革命の象徴」と呼ばれる。

ジェゼル王のピラミッド
世界最古のピラミッド。エジプト。古代エジプト時代、サッカラに建造されたピラミッド。宰相イムホテプが建造した。

一番最初のピラミッド

カフェ・ラテ
発祥の店

カッフェ・フローリアン

世界最古のカフェ。イタリア。ヴェネツィアのサン・マルコ広場にて1720年に開業。今も営業を続けている。

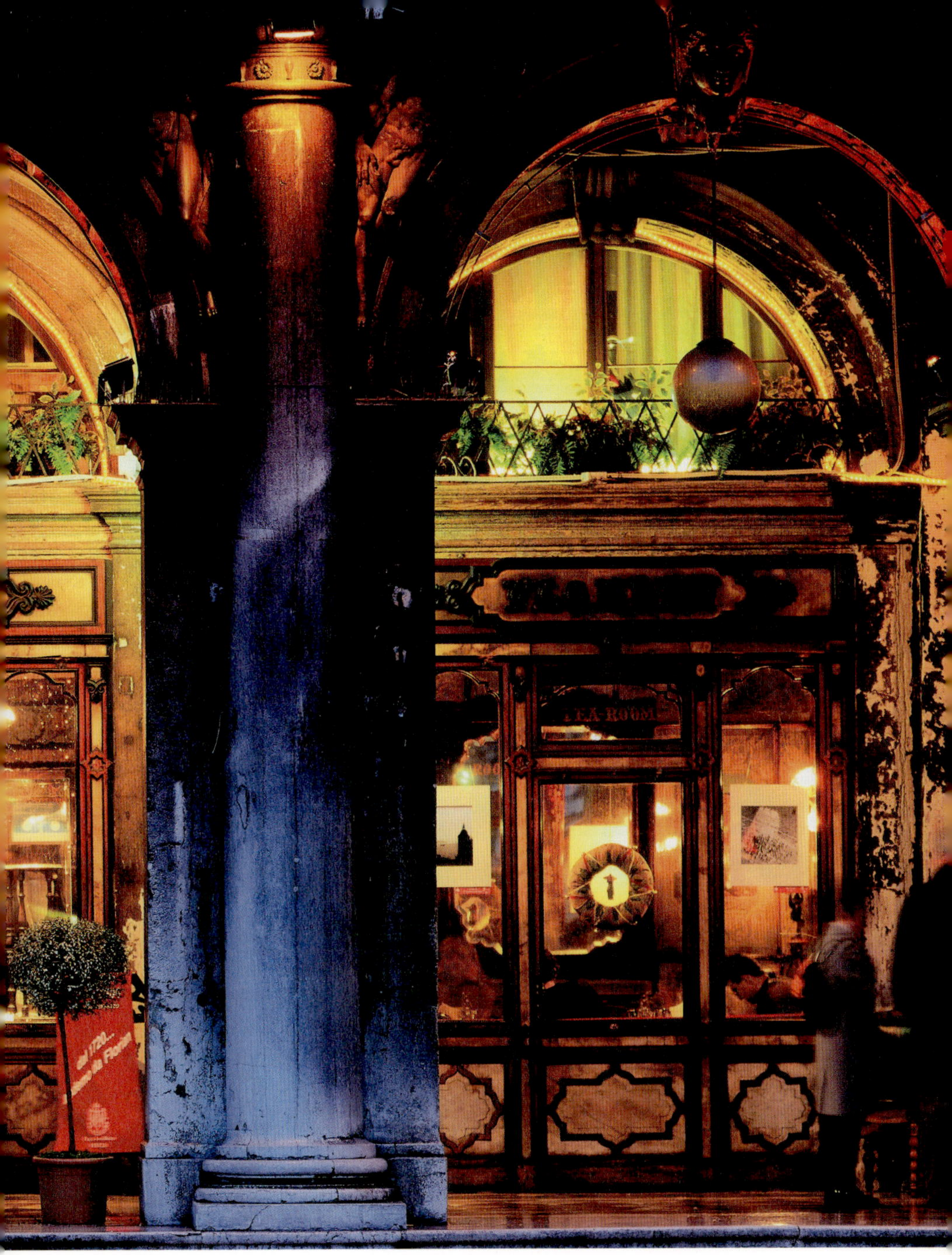
TEA-ROOM

第5章
世界最高

天空にそびえる大地

ロライマ
世界最高地点のテーブルマウンテン。ブラジルなど。標高2,810m。コナン・ドイルの小説「失われた世界」の舞台。

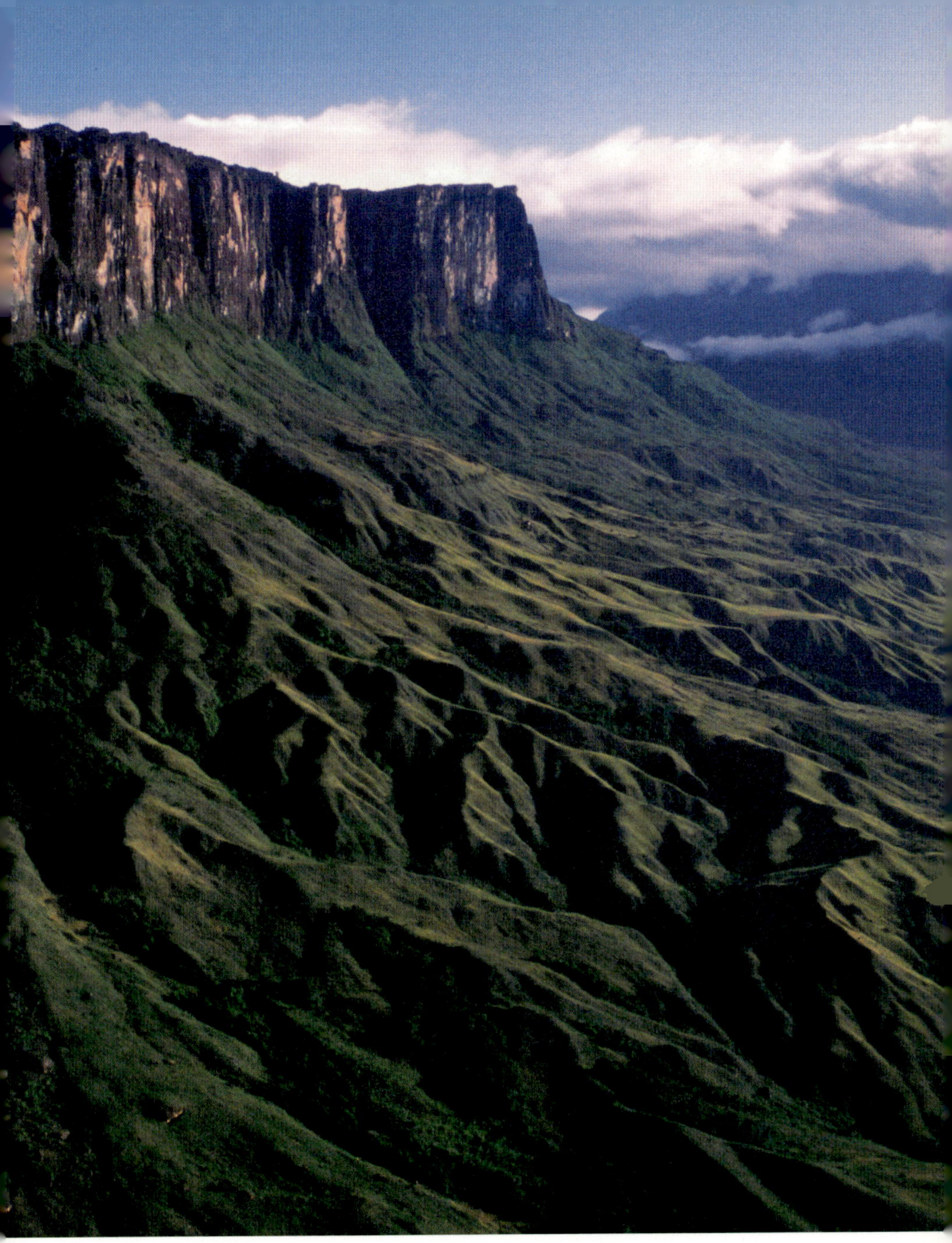

人々が
目指し続ける
地球の頂点

エベレスト

世界最高の山。ネパール、中国。標高8,848m。ネパール語の「サガルマーター」は「世界の頂上」という意味。

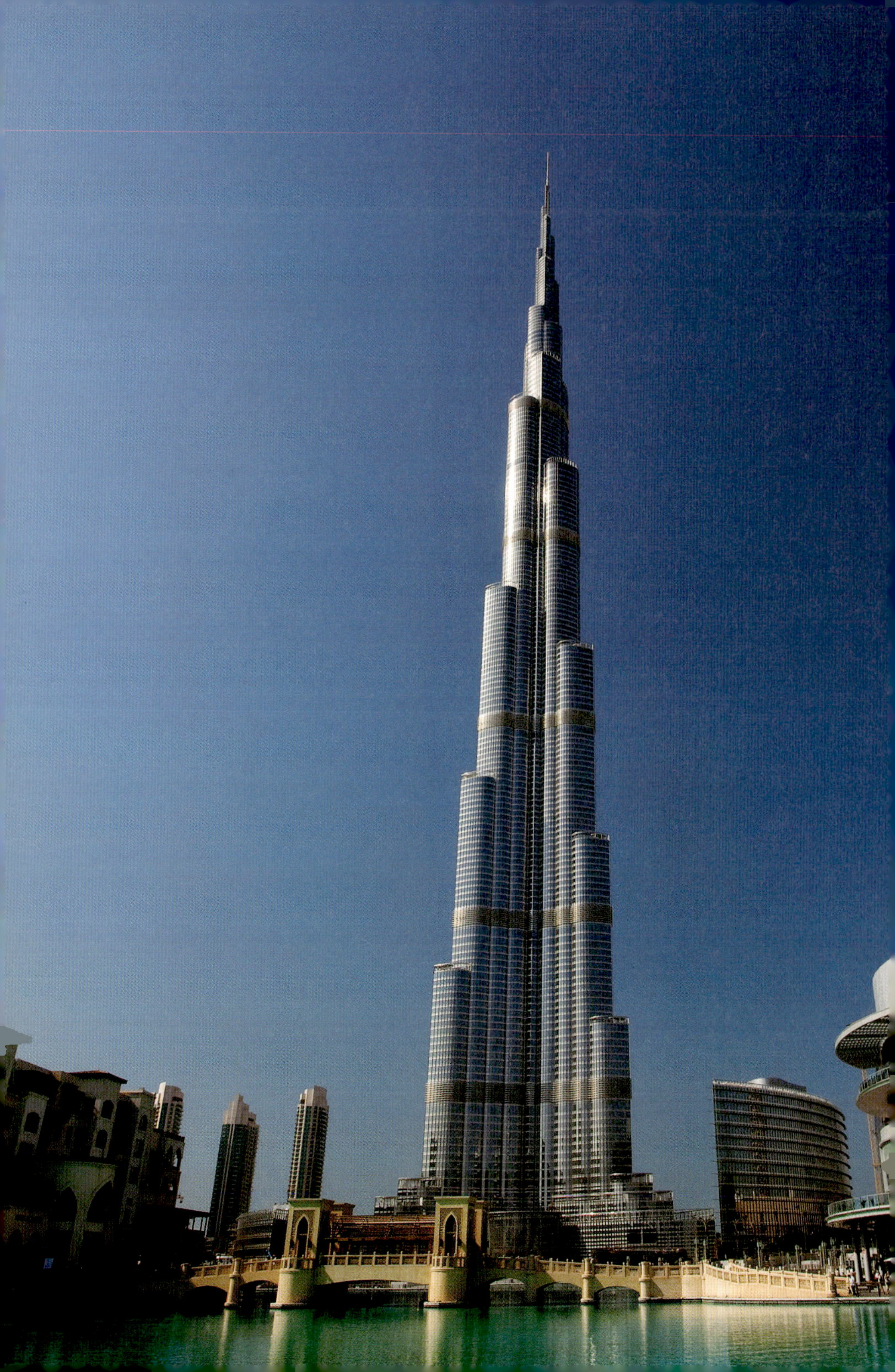

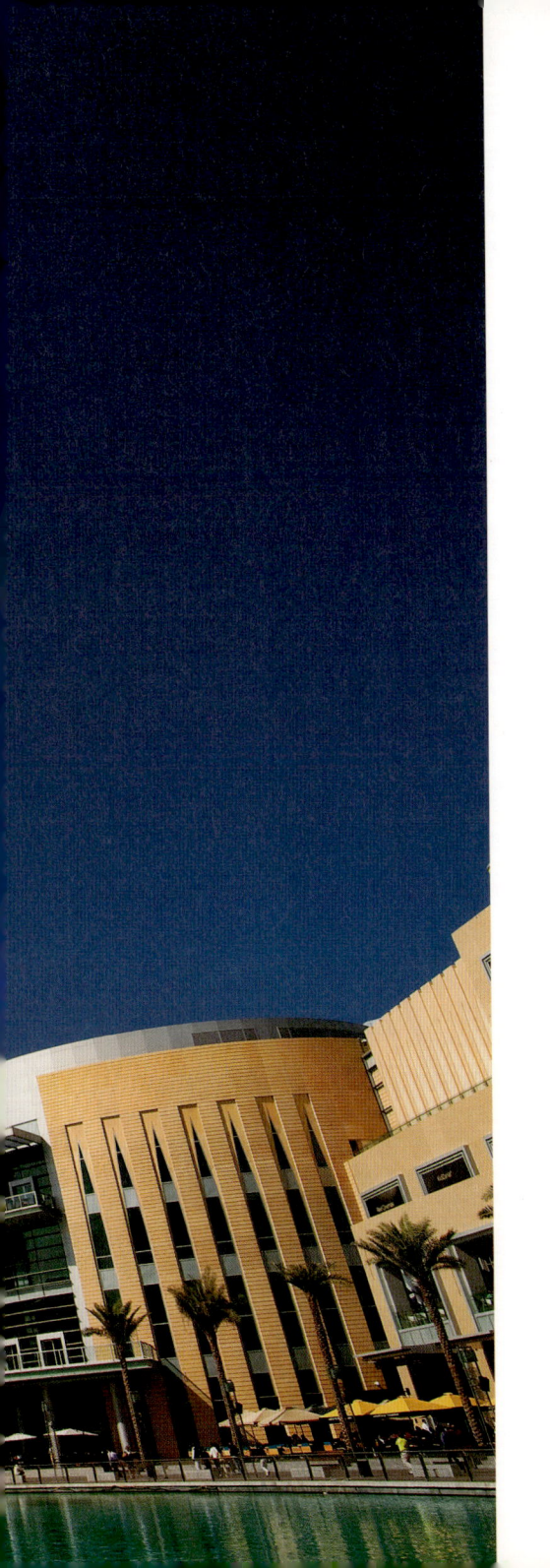

大空へと
伸びていく
富の塔

ブルジュ・ハリファ
世界最高層のビル。アラブ首長国連邦のドバイ。高さ828mの高さを誇る、中東の経済発展の象徴。

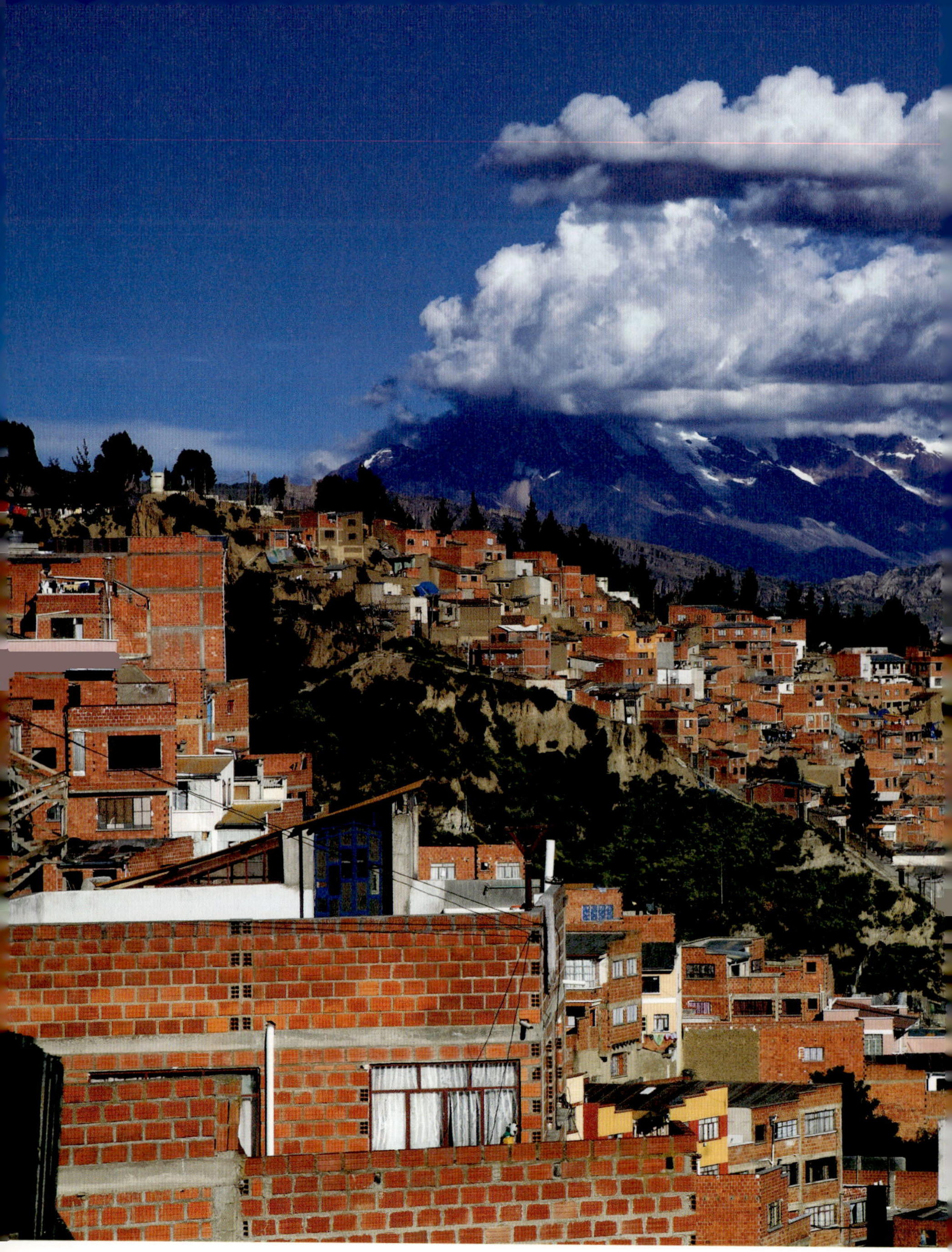

酸素が薄くても住めば都

ラパス
世界最高所の首都。ボリビア。標高3,631mに発展した、80万人以上の人々が暮らす「雲上の都市」である。

雲に手が届く湖

チチカカ湖
世界最高所の航行可能な湖。ペルー、ボリビア。標高3,812m。船でわたることができる最高地の湖である。

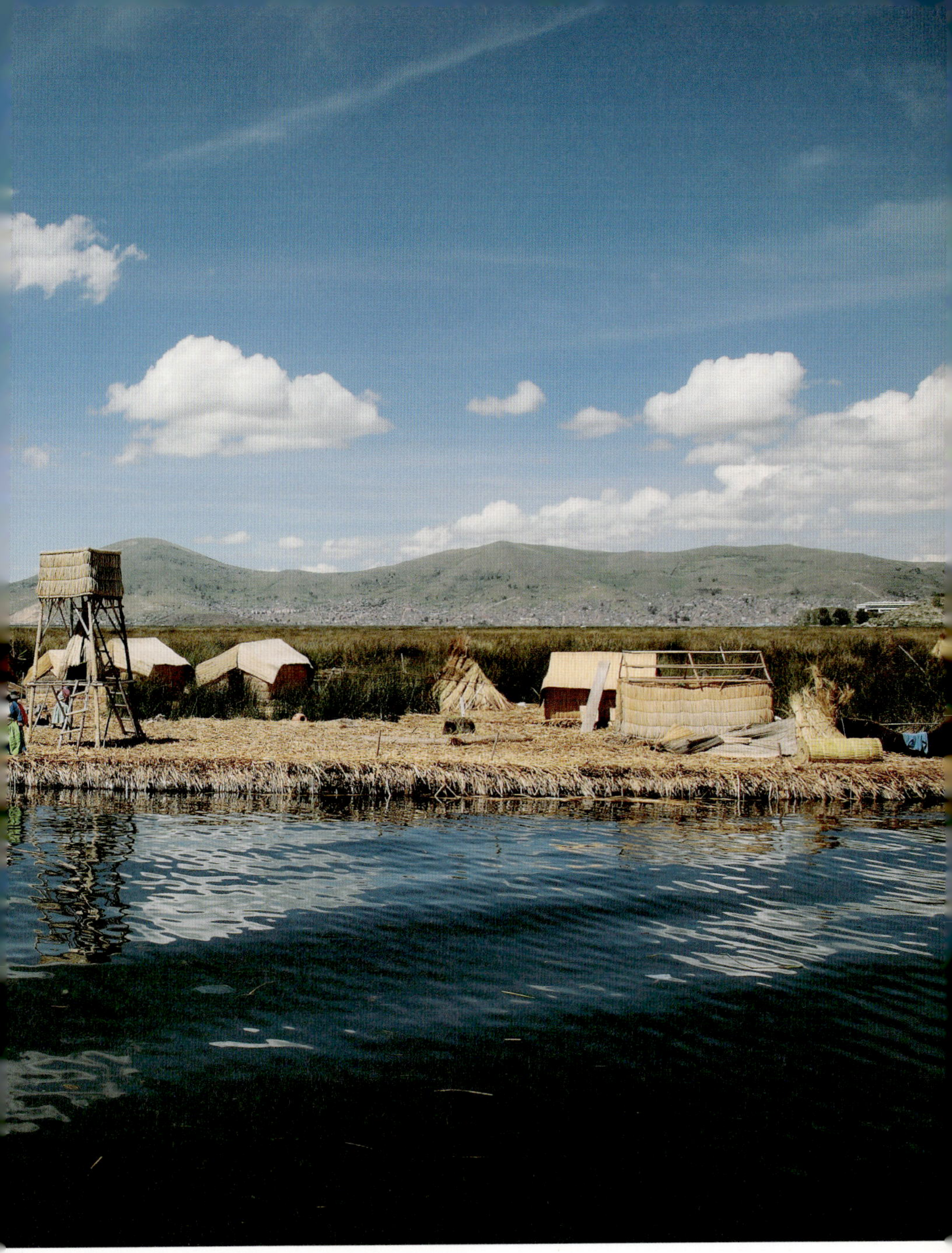

上海環球金融中心
世界最高層の展望台。中国。2008年に
完成した101階建てのビル。高さ474m
から上海市内を一望できる。

チャイニーズ
ドリームの
中心地

信仰心厚い
タイの人々の誇り

プラパトム仏塔
世界最高の仏塔。タイ。高さ約120m。
4世紀頃、モン族によって建てられた仏
舎利塔だといわれる。

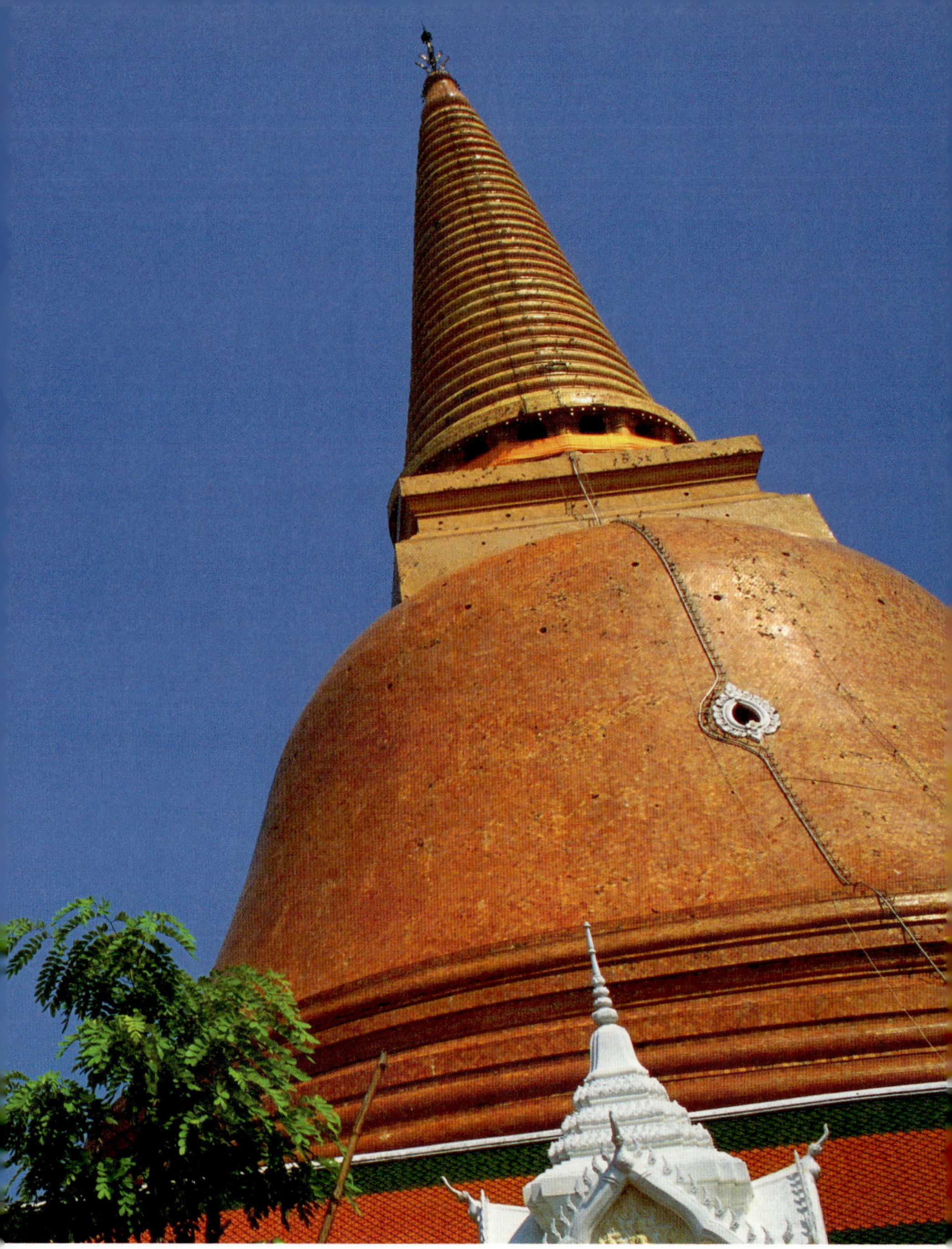

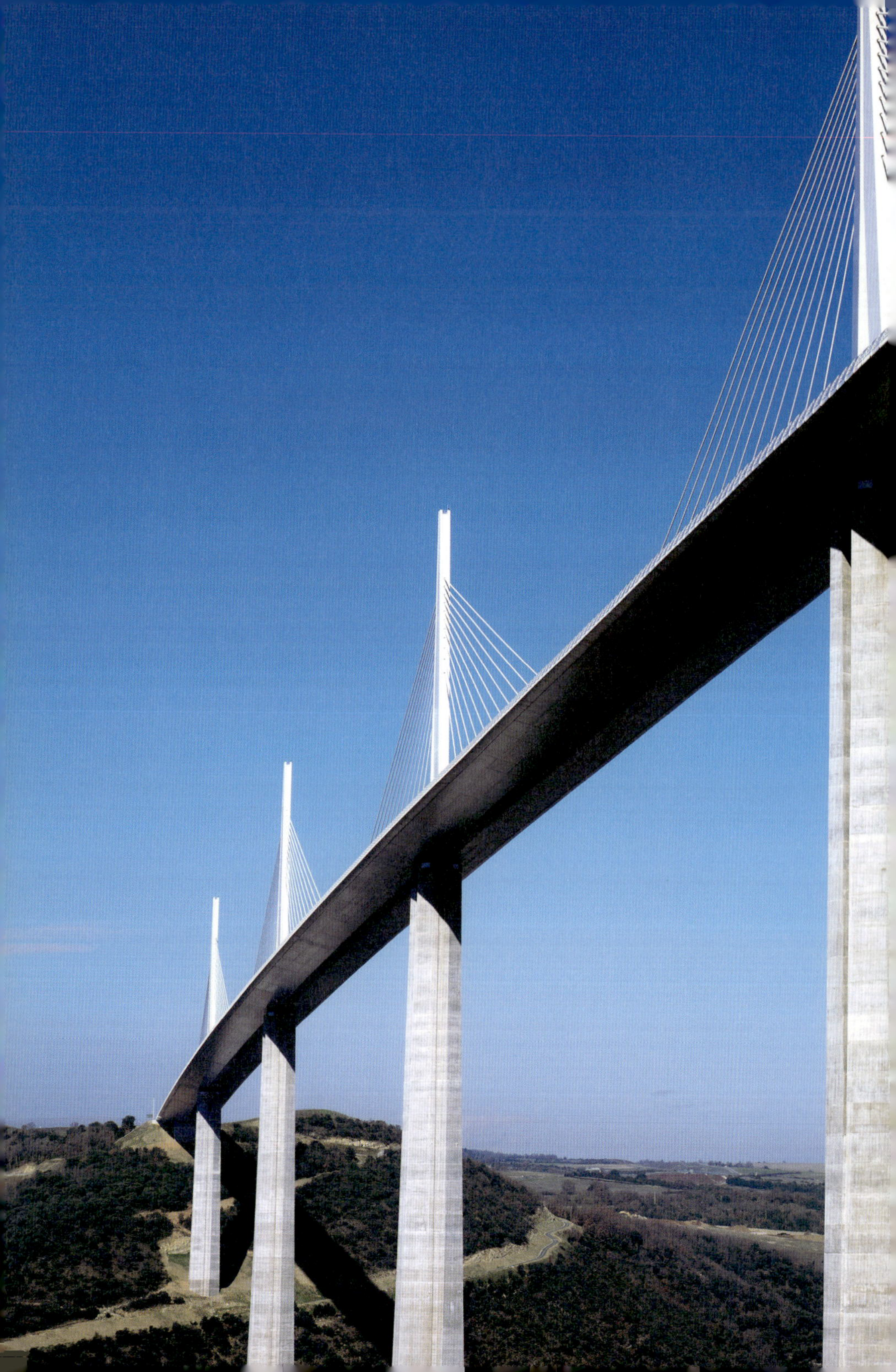

空にかかる橋

ミヨー橋
世界最高の橋。フランス。2004年に開通した「空に架かる橋」。最も高い主塔は、343mに達する。

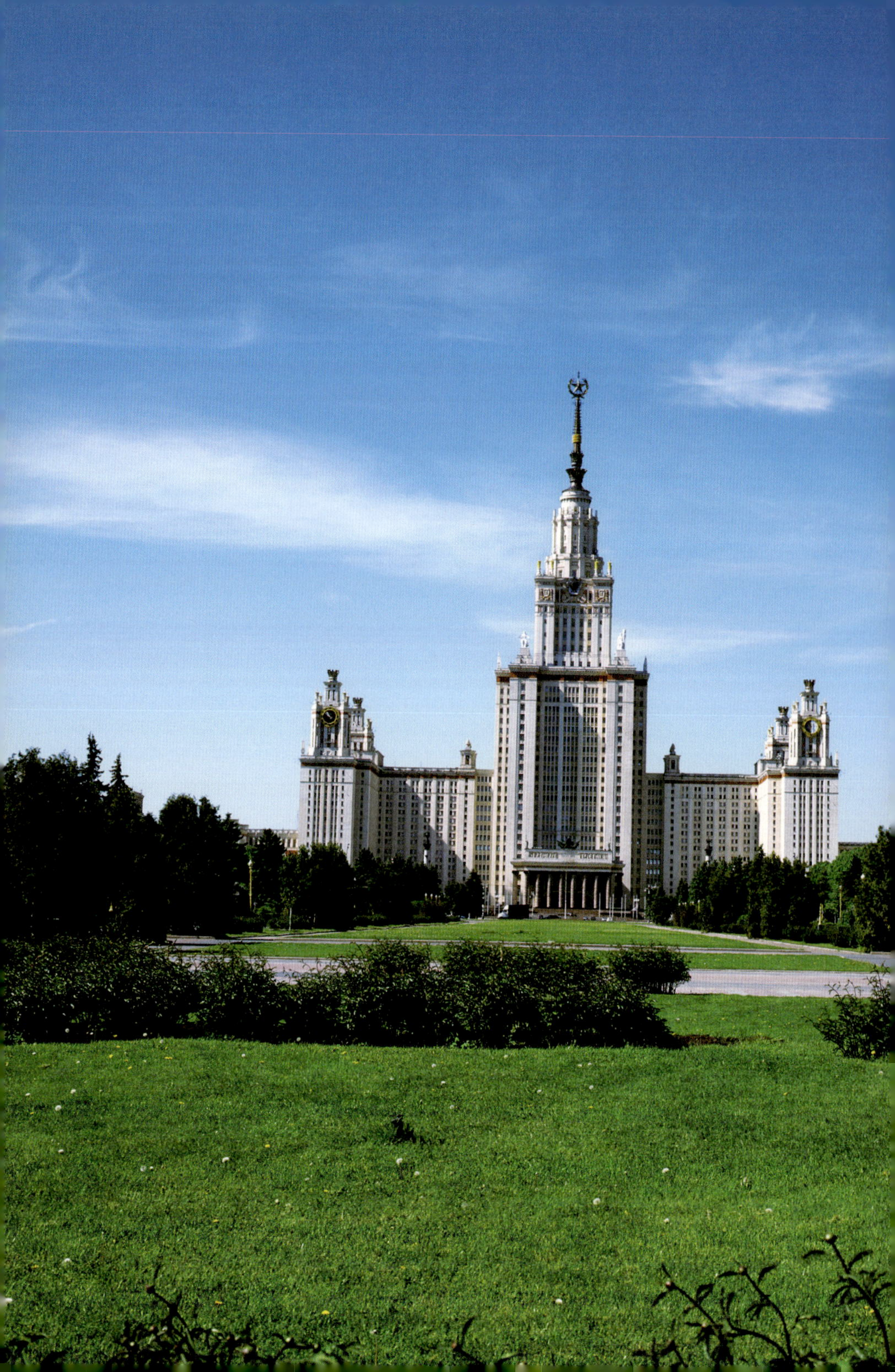

ロシアの
最高学府は
展望台つき

モスクワ大学
世界最高層の校舎。ロシア。1953年に建てられた本館の高さは380m。「スターリン様式」の代表作といわれる。

どこよりも寒い場所

南極
世界一寒い場所。どの国にも属していない。1983年には、観測史上、最も寒い−89.2度を記録した。

第6章
その他の世界一

もっとも低い場所の、
おぼれない湖

死海

世界一地表が低い場所。イスラエル、ヨルダン。湖面が海面下416m。塩分濃度が25%から30%と高く、浮力が大きい。

エルミタージュ美術館

世界最多の収蔵点数。ロシア。18世紀に建てられたバロック様式の王宮を美術館として使用している。収蔵点数約300万点。

ロマノフ王朝
最大の文化遺産

もっとも
小さな国は
カトリック
の総本山

バチカン市国
世界一小さな国。イタリア、ローマ市内。
面積0.44km²。元首はカトリック教会の
ローマ教皇。多くの文化遺産が立ち並ぶ。

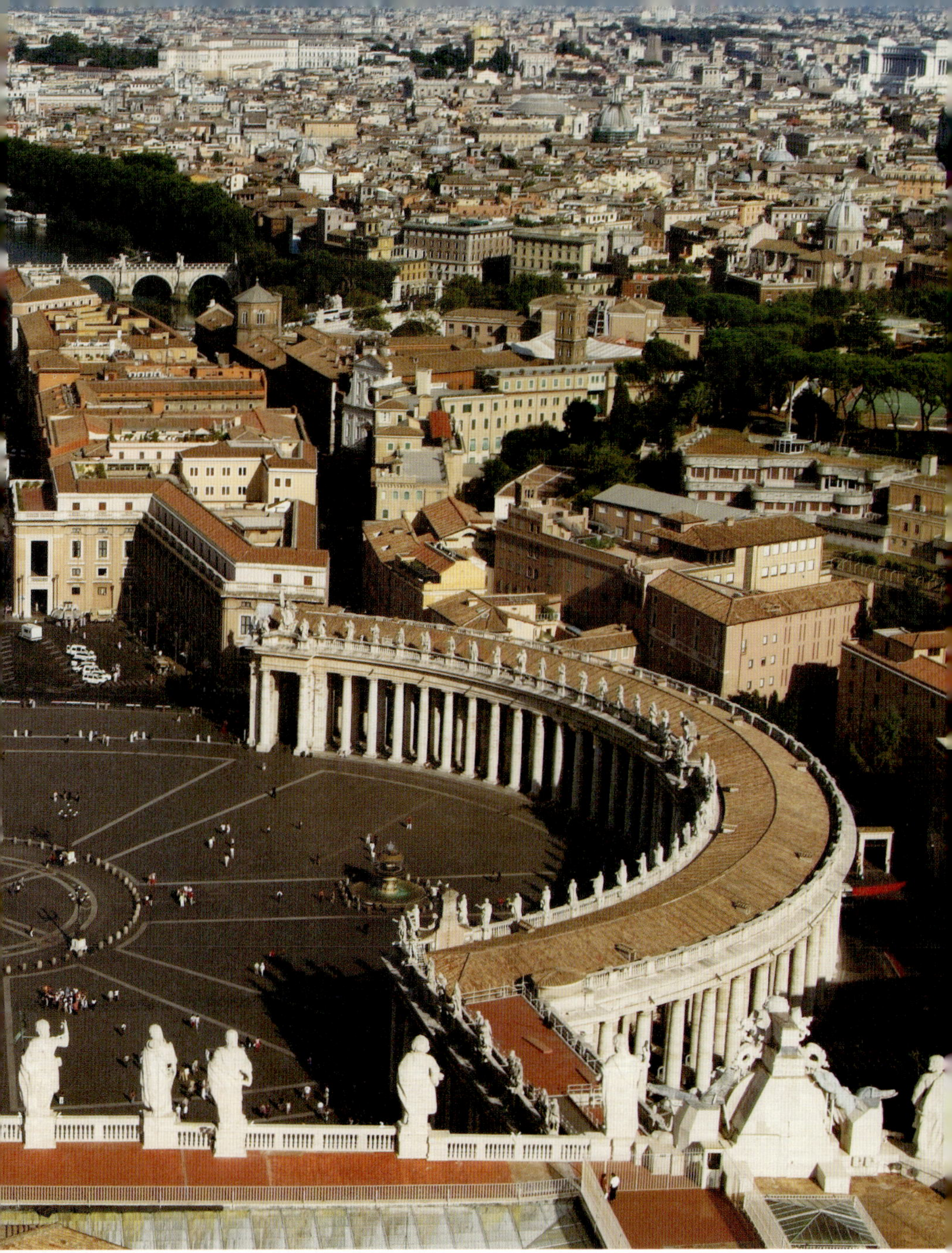

発展を続ける
インドの中心

ムンバイ市

世界一の人口過密都市。インド。人口約1,400万人。アラビア海に面する。発展を続けるインドの中心都市。

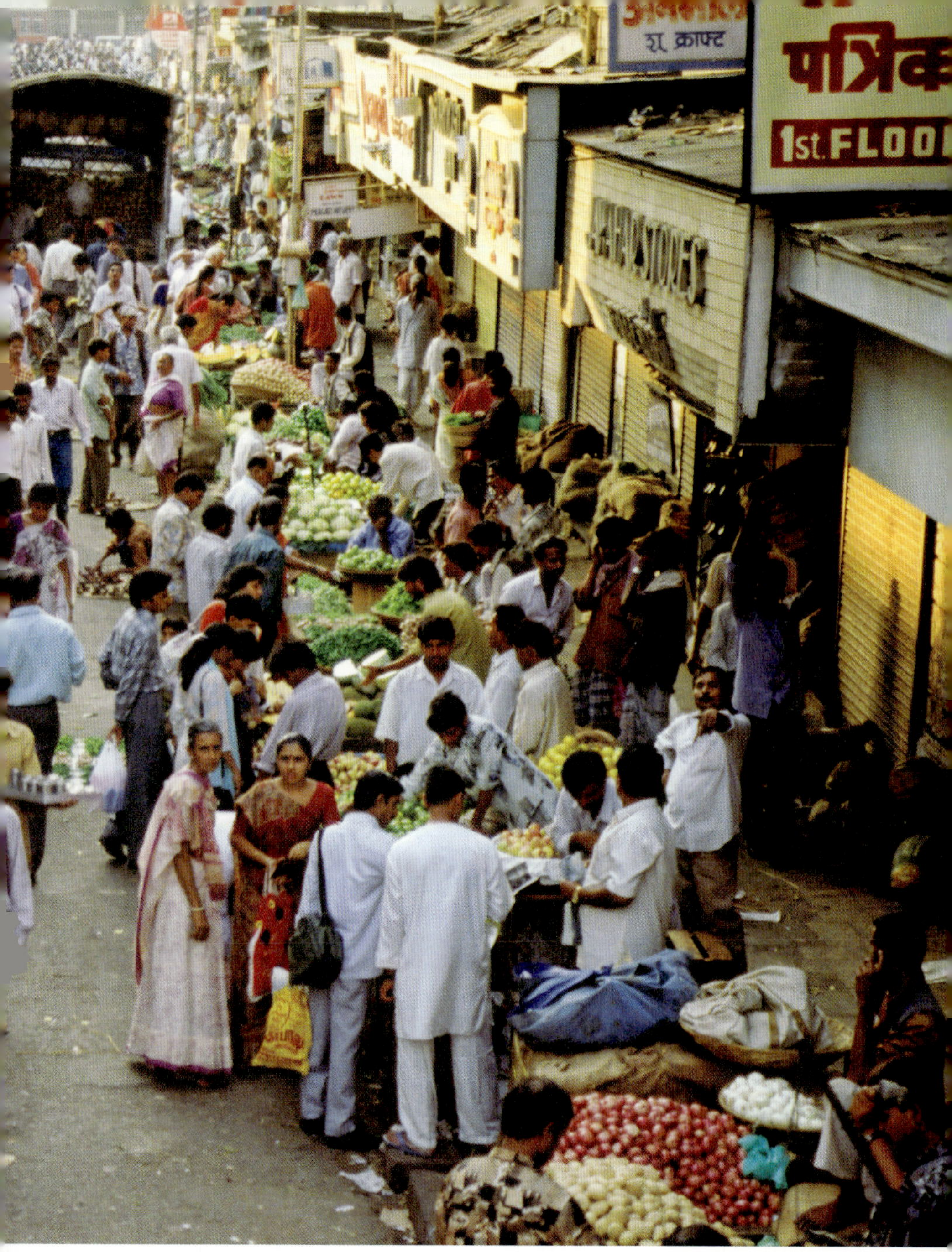

最強の
アルカリ性が
生み出す
鮮烈な水の色

ナトロン湖
世界一強いアルカリ湖。タンザニア。
ph値は10を超える。微生物が湖面を赤
やオレンジ色に染める。

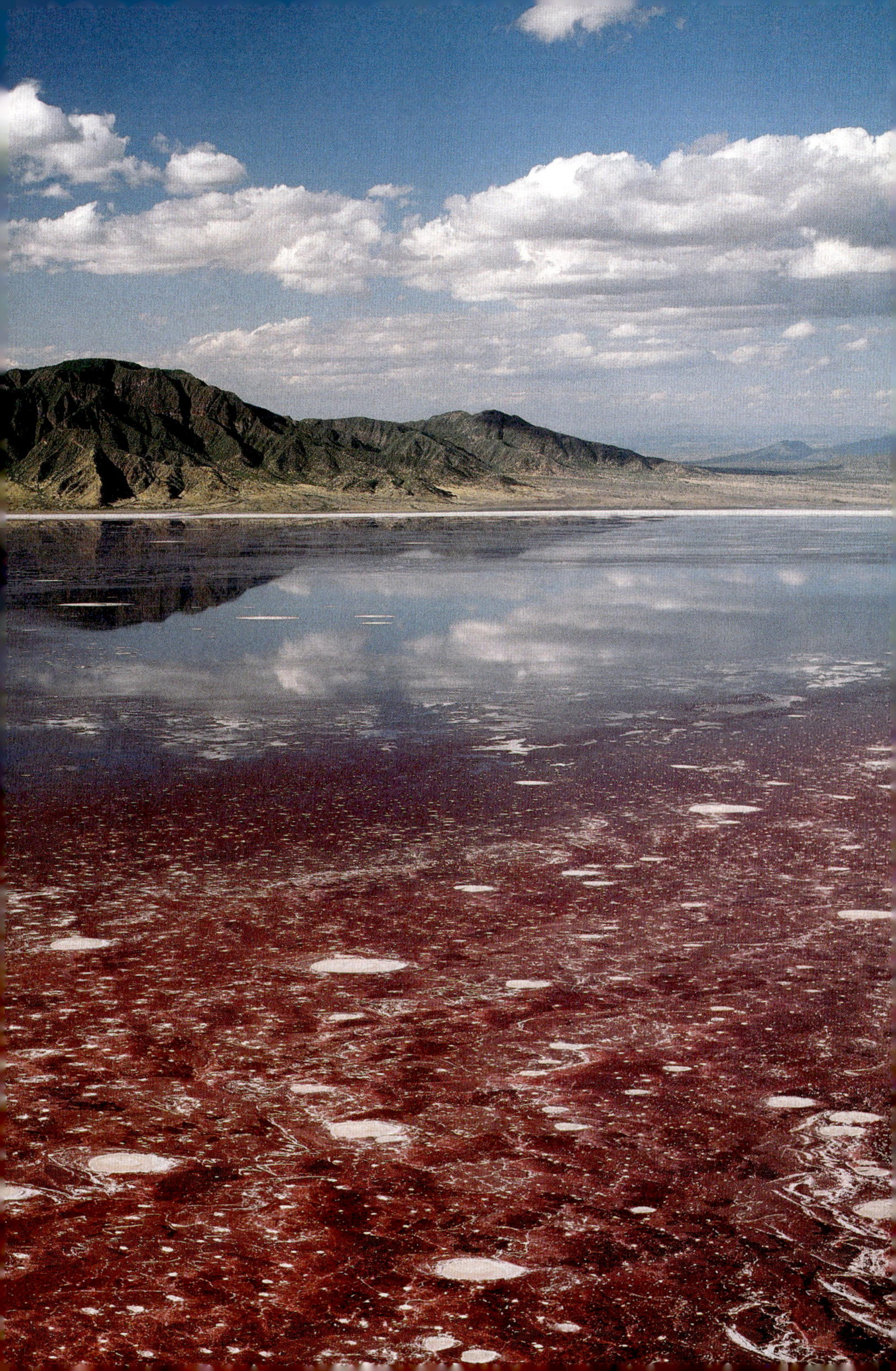

海底火山が生んだ
48歳の赤ちゃん島

スルツェイ島
世界一若い島。アイスランド。48年前、
海底火山の噴火によってアイスランドの
南に誕生した無人島。

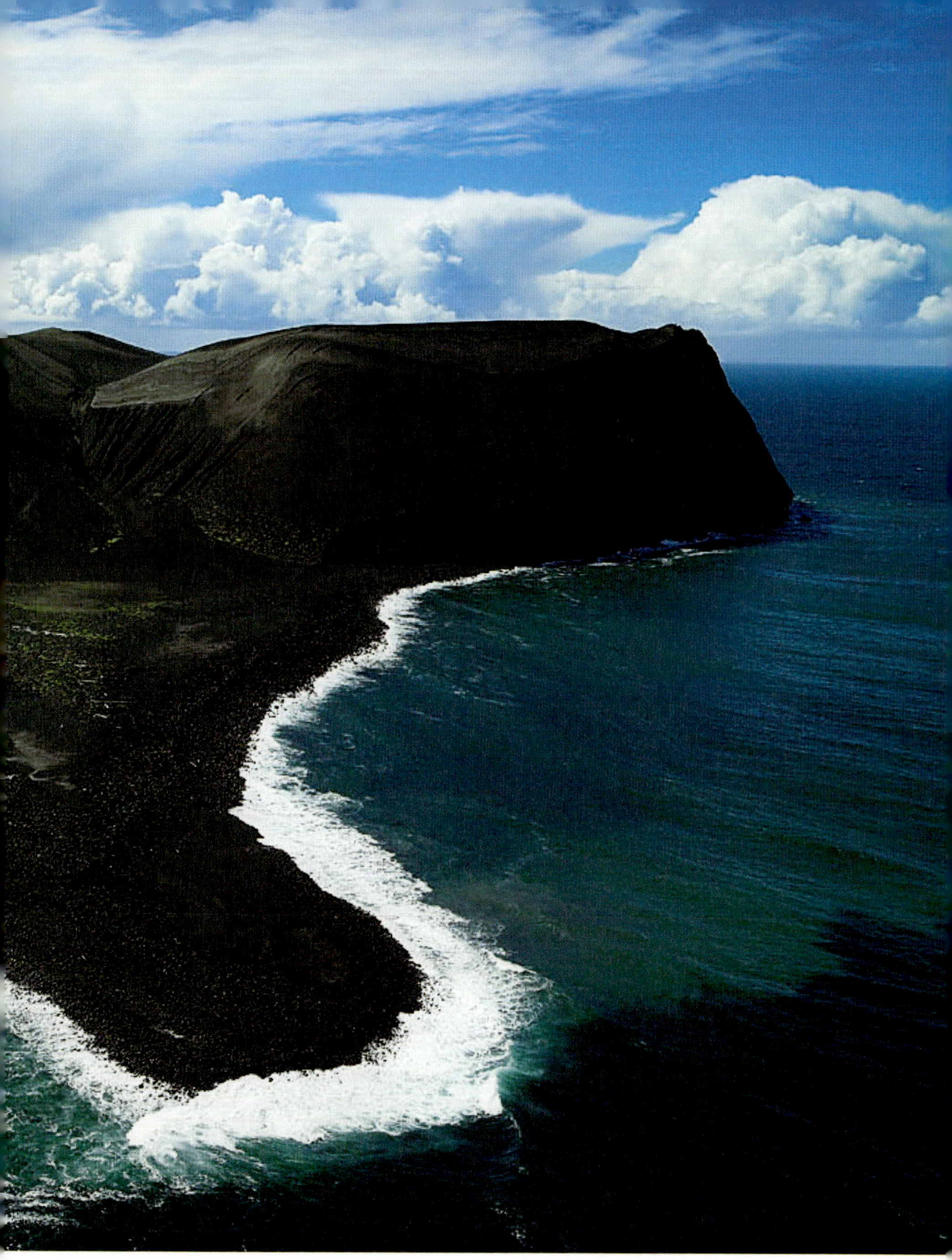

深く澄みきった
三日月形の神秘の湖

バイカル湖

世界一深い湖。ロシア。水深1,637m。
世界で最も古い古代湖でもあり、独自に
進化した動植物が多い。

乾ききった大地を
ナイル川が流れる

アスワン市
世界一雨が降らない場所。エジプト。
1951年から78年の平均降水量が0.5mm
と世界最小降水量を記録。

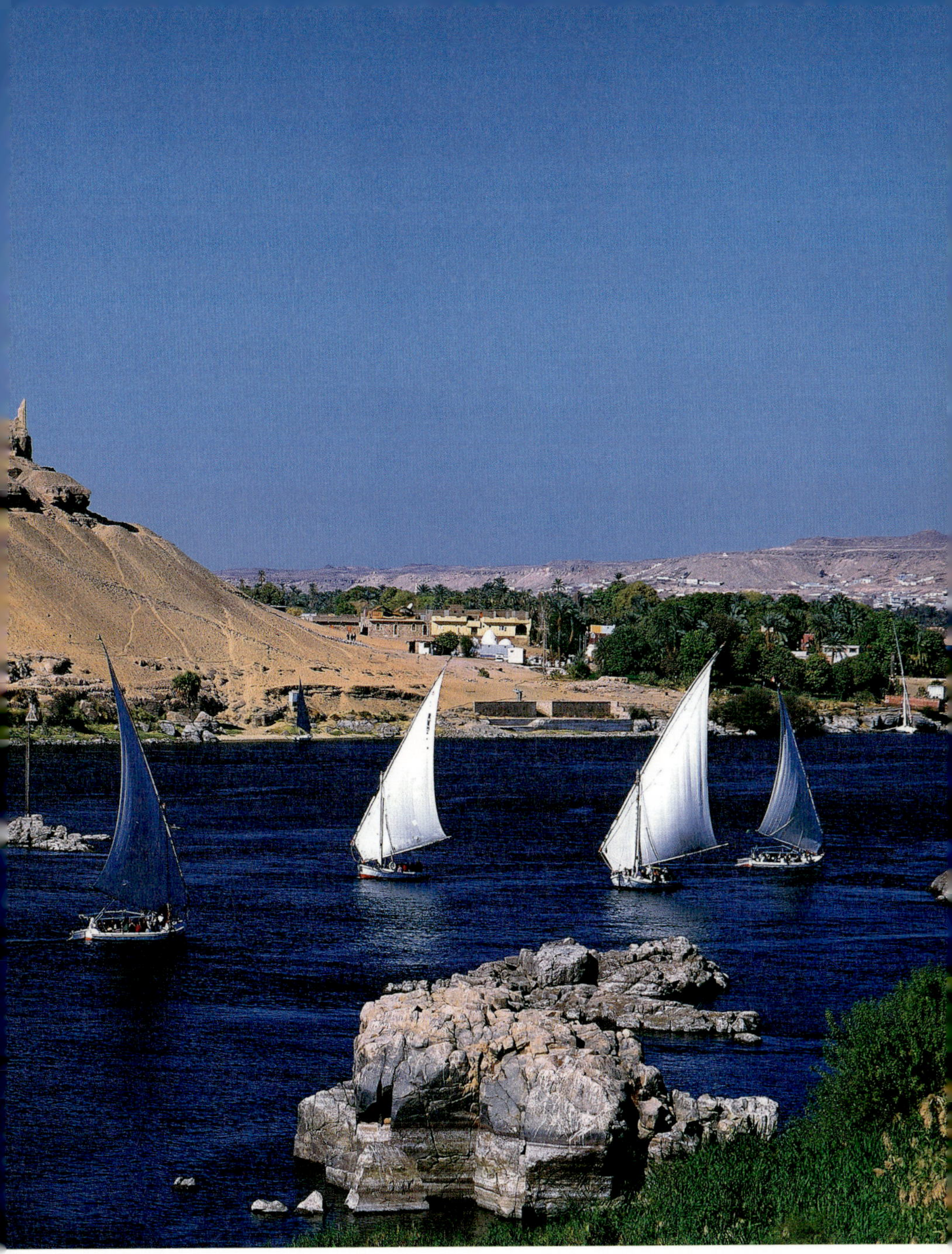

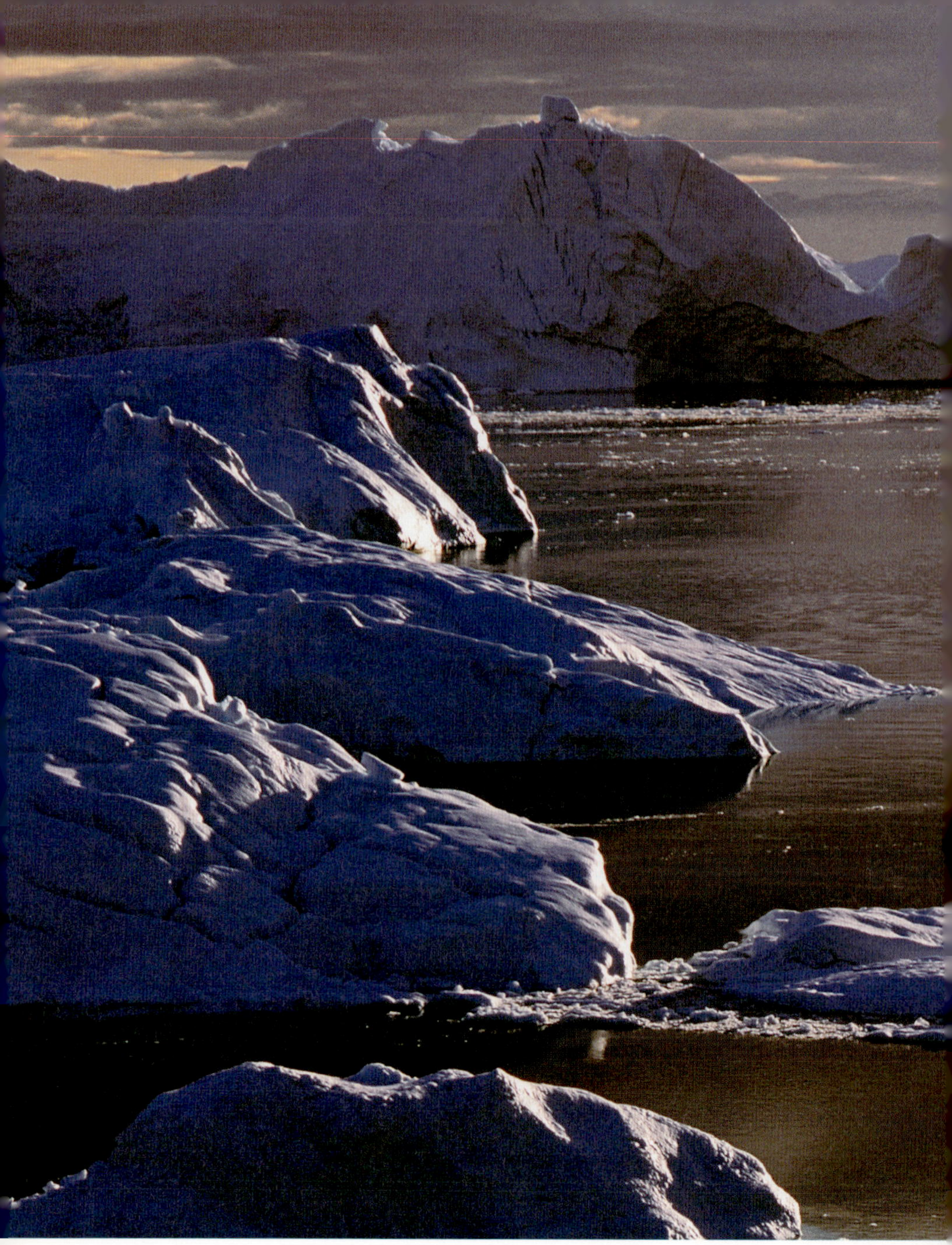

凍てつく世界の
水と氷が織り成す美

ディスコ湾
世界一多くの流氷が流れ込む湾。グリーンランド。湾に注ぐイルリサット氷河は「氷塊」という意味を持つ。

日本の世界一

明日、すぐにでも行ける!?
日本が誇る
10の世界一

京都タワー
世界最高の無鉄骨塔（京都府）

明石海峡大橋
世界最長の吊り橋（兵庫県）

東京スカイツリー
世界最高の電波塔（東京都）

青函トンネル
世界最長の交通機関用トンネル（青森県・北海道）

沖ノ鳥島
世界最小の島（東京都）

土渕海峡
世界一狭い海峡（香川県）

新宿駅
世界最大の乗降客数の駅（東京都）

蓬莱橋
世界最長の木造歩道橋（静岡県）

G1TOWER
世界最高のエレベーター塔（茨城県）

牛久大仏
世界最大のブロンズ立像（茨城県）

写 真 撮 影 者

カバー・総扉・				
p138	Albatross Air Photography	p46	John Warburton-Lee	
p6	三枝輝雄	p48	LONELY PLANET IMAGES	
p8	Robert Harding World Imagery	p50	LONELY PLANET IMAGES	
p10	John Warburton-Lee	p52	John Warburton-Lee	
p12	arabianEye	p54	Jon Arnold Images Ltd	
p14	保屋野　参	p56	上田孝行	
p16	Super Stock	p58	マリンプレスジャパン	
p18	mauritius images	p60	白崎良明	
p20	Asia Images	p62	富井義夫	
p22	後藤昌美	p64	伊東町子	
p24	Super Stock	p66	風間信秀	
p26	Jose Fuste Raga	p68	Beijing View Stock Photo Co., Ltd.	
p28	PHOTOLIBRARY	p70	マリンプレスジャパン	
p30	SIME／Pignatelli Massimo	p72	Alamy Limited	
p32	楢原光晴	p74	安部光雄	
p34	Alan Copson／PHOTOLIBRARY	p76	河口信雄	
p36	AGE FOTOSTOCK	p78	富井義夫	
p38	Jon Arnold Images Ltd	p80	Pacific Stock	
p40	LONELY PLANET IMAGES	p82	栗原秀夫	
p42	John Warburton-Lee	p84	Beijing View Stock Photo Co., Ltd.	
p44	山田　清	p86	SIME	
		p88	松本博行	

p90	Beijing View Stock Photo Co., Ltd.		p134	白崎良明
p92	David Wall		p136	PHOTOLIBRARY
p94	LONELY PLANET IMAGES		p140	富井義夫
p96	Morandi Bruno／hemis.fr		p142	富井義夫
p98	Robert Harding		p144	Dinodia
p100	LONELY PLANET IMAGES		p146	John Warburton-Lee
p102	PHOTONONSTOP		p148	Alamy
p104	AGE FOTOSTOCK		p150	R.CREATION
p106	三枝輝雄		p152	Prisma Bildagentur AG
p108	SIME		p154	LONELY PLANET IMAGES
p110	LONELY PLANET IMAGES		p156	Steve Vidler（京都タワー）
p112	津田孝二			森田敏隆（明石海峡大橋）
p114	Prisma Bildagentur AG			月岡陽一（東京スカイツリー）
p116	SIME／Fantuz Olimpio			田澤義郎（青函トンネル）
p118	野村哲也		p157	毎日新聞社／アフロ（沖ノ鳥島）
p120	Martyn Colbeck／PHOTOLIBRARY			本橋昴明（土渕海峡）
p122	Jose Fuste Raga			スタジオ・サトー（新宿駅）
p124	保屋野　参			山梨勝弘（蓬莱橋）
p126	石原正雄			東阪航空サービス（G1TOWER）
p128	保屋野　参			高橋　孜（牛久大仏）
p130	氏家昭一			
p132	保屋野　参			

編者紹介

アフロ

1980年、アフロフォトエージェンシーとして設立。自社での撮影業務および、国内外の写真家約2000名の作品を取り扱う。1998年には、日本オリンピック委員会オフィシャルフォトエージェンシーに認定。2006年にアフロに社名変更。写真・動画配信業務に加え、フォトスタジオ運営、画像処理業務などビジュアルデベロッパーとして、その業務は多岐に渡る。風景をはじめ、人物・スポーツ・食・動物・イラスト・ファインアートなどの広告向け写真から、出版・報道写真まで、幅広い写真コンテンツを取り扱い、広告・出版・テレビ業界へ日々写真を提供し続けている。

世界一の絶景を見る

2011年8月28日　第1刷発行

編　　者　アフロ
発　行　者　杉本 惇
発　行　所　株式会社 新人物往来社
　　　　　　〒102-0083
　　　　　　東京都千代田区麹町3-2　相互麹町第一ビル
　　　　　　電　話　編集03(3221)6032
　　　　　　　　　　営業03(3221)6371
　　　　　　振　替　00130-4-718083
ブックデザイン　黒瀬章夫
印刷・製本　大日本印刷

定価はカバーに表示してあります。
乱丁・落丁本はお取り替えいたします。
©Shinjinbutsuouraisha 2011,Printed in Japan
ISBN978-4-404-04057-2

定価はカバー・帯に表示してあります。乱丁・落丁本はお取り替えいたします。
本書の無断複製（コピー、スキャン、デジタル化等）並びに無断複製物の譲渡及び配信は、著作権法上での例外を除き禁じられています。また、本書を代行業者等の第三者に依頼して複製する行為は、たとえ個人や家庭内での利用であっても一切認められておりません。